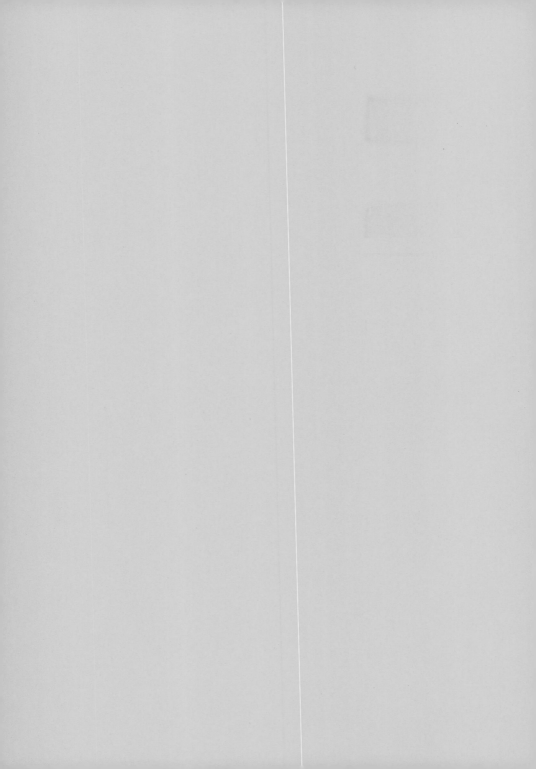

アガルートの
司法試験・予備試験
最短合格読本

予備試験ルート・
法科大学院ルートのすべて

アガルートアカデミー 編著

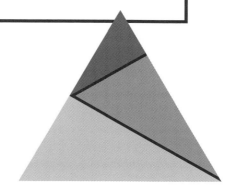

AGAROOT
ACADEMY

まえがき

　本書は、司法試験の受験を考える方を対象に、司法試験制度の仕組み、試験情報、合格までの学習スケジュール・学習法をお伝えすることを主な目的としています。
　執筆に当たり、特に気を配った点は以下の３点です。

・司法試験制度や法律に関する知識がゼロの方でも読めるようにすること

　司法試験のガイドブックとして、「わかりやすさ」を第１に、司法試験制度や法律に関する知識がゼロの方でも、司法試験・予備試験の全体像や学習スケジュールについてイメージを持っていただけるよう、特に配慮して執筆いたしました。

・データを多用し、記述に客観性を持たせること

　法科大学院ルートと予備試験ルートの双方についてメリット、デメリットを挙げ、どちらのルートが適しているのかを皆さん自身で判断できる情報を掲載しております。どのルートを採るのか、どのようにして法曹を目指すのかは最終的には読者の皆さんそれぞれの判断に委ねられています。選択における判断材料となるよう、客観的なデータを提供いたしました。

・勉強法一般などのハウツー本的要素を排除すること

　モチベーション維持の方法、受かる受験生の特徴など、およそ受験勉強一般に関する記述は省くことで、司法試験の学習という観点から必要な情報のみを圧縮してお伝えしております。司法試験の学習に割くことができる時間が有限であるのと同様に、司法試験受験のための知識を得る時間もまた有限です。文章量を圧縮し、学習スタートの時点で合理化を図れるよう工夫しました。

　アガルートアカデミーは、オンラインによる講義の配信を中心として、2015 年１月に開校し、時間的・距離的な制約（移動時間・通える範囲に予備校がない等）から予備校利用を諦めて

いた方々のニーズに応えることで受講生とともに成長してまいりました。近年においては、アフターコロナ・巣ごもり需要により、通信教育への注目が高まったことに伴い、創業当初よりのオンライン配信による講義形態が再評価され、受講者数も大きく増加いたしました。一発合格者や短期合格者も数多く輩出することができ、これら合格者の方からいただいたメッセージを合格者体験記として本書に掲載することで、本書は司法試験を目指す方にとって、より有用なものとなっています。

　本書は司法試験への挑戦を考える方にまず初めに読んでいただきたい、わかりやすく本格的な1冊となっております。本書が司法試験・予備試験を目指す方にとっての一助となることを願っております。

アガルートアカデミー

目　次

序章

司法試験・予備試験における5つの制度改革

　皆さんは、司法試験・予備試験の仕組みが大きく変わりつつあることを知っていますか。実は近年、司法試験・予備試験に関する重要な制度改革が行われているのです。細かい仕組みは次章以降ご説明しますが、とても重要な変更ですので、まずはここでポイントを掴んでおきましょう！

第1の改革 予備試験論文式「一般教養科目」廃止、
そして「選択科目」導入

　2022年度から、予備試験の論文式試験で試験科目となっていた「一般教養科目」が廃止され、「選択科目」が導入されました。一般教養科目は試験対策がほとんど不要な科目でしたが、選択科目は本格的な対策が必要となるため、その分負担が増えたといえます。なお、短答式試験では、現在も「一般教養科目」が課されます。

第2の改革 法科大学院在学中に司法試験受験可能に

　2023年度から、法科大学院在学中であっても所定の単位を修得し、1年以内に修了見込みの者は、司法試験が受験できるようになりました。これまでは、司法試験受験の主なルートは予備試験ルートと法科大学院修了ルートの2つでしたが、選択肢が広がりました。

第3の改革 試験日の変更

　2023年度から、法科大学院在学中受験が可能になったため、それに合わせて司法試験と予備試験の実施時期が約2か月先に後倒しになりました。

第4の改革 法曹コース誕生

　法科大学院での学習にかかる時間的・経済的負担を軽減するために2020年度から「法曹コース」が新設されました。法曹コースに入ると、「法曹コース（大学法学部）3年＋法科大学院（既修者コース）2年＝5年」で司法試験の受験資格を得ることが可能となります。法曹コースと在学中受験制度を併用すると、法科大学院3年次（2年目在学中）に司法試験を受験することもできます。

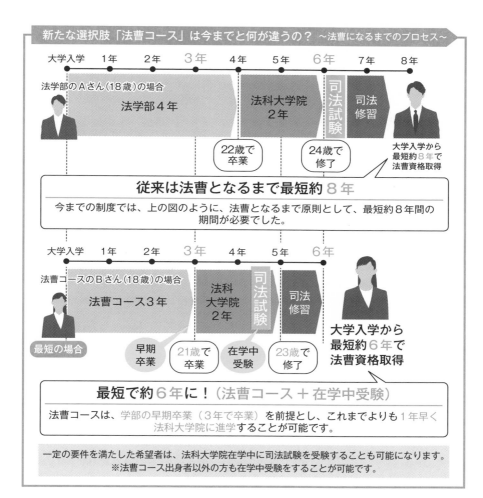

新たな選択肢「法曹コース」は今までと何が違うの？ ～法曹になるまでのプロセス～

大学入学　1年　2年　3年　4年　5年　6年　7年　8年

法学部のAさん（18歳）の場合
法学部4年
法科大学院2年
司法試験
司法修習

22歳で卒業
24歳で修了

大学入学から最短約8年で法曹資格取得

従来は法曹となるまで最短約8年

今までの制度では、上の図のように、法曹となるまで原則として、最短約8年間の期間が必要でした。

大学入学　1年　2年　3年　4年　5年　6年

法曹コースのBさん（18歳）の場合
法曹コース3年
法科大学院2年
司法試験
司法修習

最短の場合

早期卒業
21歳で卒業
在学中受験
23歳で修了

大学入学から最短約6年で法曹資格取得

最短で約6年に！（法曹コース＋在学中受験）

法曹コースは、学部の早期卒業（3年で卒業）を前提とし、これまでよりも1年早く法科大学院に進学することが可能です。

一定の要件を満たした希望者は、法科大学院在学中に司法試験を受験することも可能になります。
※法曹コース出身者以外の方も在学中受験をすることが可能です。

第5の改革　CBT方式の導入

　2026年の司法試験・予備試験からは、CBT（Computer Based Testing）方式の導入が予定されています。タイピング速度によって解答時間に差が生まれてしまうため、2026年以降に受験を予定している方は、タイピングスキルの向上を図りつつ、今後の動向を注視してください。

　なお、本書の記述は、手書き論文答案方式（2023年12月現在）を前提としています。

以上が試験制度の変更に関する重要なポイントです。ここま
で見てきた通り、皆さんは司法試験制度改革の過渡期に立たさ
れているといってよいでしょう。もっとも、これをチャンスと
捉えることもできます。試験制度の大転換期に司法試験・予備
試験に最短で合格する方法を次章から一緒に見ていきましょう。

第 **1** 章

司法試験制度の仕組み

　司法試験に合格した後、皆さんにはどのような未来が待っているのでしょうか。司法試験合格後の選択肢は法曹に限られません。限りなく広い世界が皆さんの眼の前に広がっています。もっとも、皆さんの多くは法曹を目指しているかと思います。そこで、まずは将来の具体的なイメージを掴んでいただくために、法曹の仕事をのぞいてみましょう。

01 どうしたら法曹になれるの？

法曹三者とは

　司法試験に興味を持っている皆さんであれば、法曹三者という言葉を耳にしたことがあるかもしれません。法曹三者とは、**裁判官、検察官、弁護士**のことをいいます。司法試験に合格した後、皆さんの多くが法曹三者として活躍していくことでしょう。

裁判官

　裁判官は、国民の権利を守るために、法律に基づいて公正な裁判を行うことを仕事とします。憲法や法律に拘束されるほかは、良心に従い、独立に判断をします。裁判は大きく分けて民事裁判と刑事裁判の2種類がありますが、いずれの裁判においても裁判官がやるべき仕事は同じです。それは、当事者双方の主張を的確に整理し、法律に従って中立公正な立場から判断することです。裁判官の判決が当事者のその後の人生を左右するため、その責任は重大です。提出された証拠を緻密に調べ、論理的かつ客観的な判断をすることが必要とされます。裁判官は、社会秩序を維持する上で重要な役割を担っているため「法の番人」とも呼ばれています。

検察官

　検察官は、犯罪を捜査し、被疑者を裁判にかける（起訴する）かどうか判断することを主な仕事とします。それに伴い被疑者の取調べや被害者への聞き込み、証拠品の確認等を行います。

日本において、被疑者を起訴するかどうかの決定権は検察官にのみ与えられています。日本の刑事裁判の有罪率は99.9％といわれ、検察官がいかに慎重な吟味を重ね、起訴するか否かの判断をしているかがわかります。検察官は安全な社会の形成の一翼を担っているのです。強大な権力が与えられているため、冤罪を生み出さないよう慎重な判断が求められます。

▎弁護士

　弁護士は、「事件」や「紛争」について、法律の専門家として、適切な予防方法や対処方法、解決策をアドバイスすることを仕事とします。その仕事内容は非常に多岐にわたり、下記コラムで紹介した仕事以外にも国際機関の職員となったり、国会議員を務めたりと活躍の場は数え切れません。

COLUMN　弁護士の仕事

　現在、法曹三者のうち、その約9割を弁護士が占めています。そこで、弁護士の仕事としてどのようなものがあるのか、簡単にご紹介しましょう。

一般民事事件
　私人間（しじんかん）で日常生活上発生した法的トラブルのことをいいます。例えば、交通事故に遭ったが加害者がお金を払ってくれない、離婚したいが応じてくれない、相続で親戚と揉めている、部屋を借りていたら立退きを要求されたなどのトラブルです。弁護士は、このような場面において、法的な観点からアドバイスをしたり、訴訟を提起したりします。この一般民事事件を中心業務としている人が弁護士の多数派です。
　地方では顕著ですが、一般民事を専門とする弁護士の多くは、1〜5人程度の少人数の事務所を構えています。
　労働問題（会社をクビになった、残業代を払ってくれないなど）は、一昔前までは、それを専門とする弁護士の仕事でしたが、現在では、一般民事の守備範囲に入ります。

企業法務

　企業法務とは、企業活動に付随する法律的な業務のことをいいます。

　世の中には、私たち私人が守らなければならないルールのみならず、企業が守らなければならないルールがたくさん定められています。企業法務弁護士は、これらの枠組みを正確に理解し、企業がルールを遵守しつつ、発展していけるようサポートするのが仕事です。

　代表的な業務内容は、日々の法律相談への対応、契約書の作成、訴訟対応等です。他にも、Ｍ＆Ａ（簡単にいうと、会社同士の結婚ですね）や海外展開のサポート等、非常に幅広い業務分野が存在しています。最先端の法分野について知見を深めることや大規模な案件に関わることができるのも魅力です。

　企業法務を専門としている法律事務所は、比較的大規模な事務所が多く、中には、所属弁護士が 400 人を超える事務所もあります（大手法律事務所として有名なのは、西村あさひ法律事務所、長島・大野・常松法律事務所、アンダーソン・毛利・友常法律事務所、森・濱田松本法律事務所、TMI 総合法律事務所（いわゆる五大法律事務所）です）。

刑事事件

　逮捕されたり、起訴されたりした人の弁護をする仕事です。皆さんが想像する弁護士像に一番マッチしているかもしれません。ドラマの素材になったり、ニュースで記者会見したりするのを見たことがある方も多いのではないでしょうか。

　刑事事件は、国選弁護と私選弁護に分かれます。国選弁護とは、捕まった人にお金がない場合に、国が報酬を支払って弁護士に事件を担当させる制度ですが、これは、登録している弁護士が順番に担当することになっています。そして、東京では、現在、年間数回程度しか回ってきません。刑事事件の多くは、国選弁護ですので、多くの弁護士は、ほとんど刑事事件を取り扱っていないという状況です。

　これに対して、私選弁護とは、捕まった人が自分で弁護士を選んで、自分の費用で弁護を依頼する場合です。私選弁護は、刑事事件を専門にしている弁護士に依頼するケースがほとんどです。

　したがって、刑事事件は専門分野になりつつあります。

少年事件

　少年が犯罪をした場合には、裁判をするのではなく、家庭裁判所の審判を受けることになります。

少年審判では、通常の裁判と異なり、検察官が当事者として関与しません。裁判官が直接少年に語りかける方法で審理がなされます。これは、少年に反省を促し、健全に社会復帰できるようにするための仕組みです。

少年が審判手続の過程で考え方を改め、成長する姿が見られるとして、やりがいを感じて精力的に取り組んでいる弁護士もいます。

企業内・組織内弁護士（インハウスローヤー）

近年、弁護士登録をしながらも、法律事務所に所属するのではなく、民間企業に就職する弁護士が増加しています。これらの弁護士を企業内弁護士といいます。なお、官公庁に就職する弁護士もいます。

企業は、通常、企業法務を担当する弁護士と顧問契約を結んで、法的問題に対応しています。しかし、顧問弁護士は、会社内部の事情や業界の細かい部分まで精通しているわけではないので、十分な助言や適切な対処を受けられない場合があります。また、あくまで外部の人間ですので、相談しにくい案件もあるでしょうし、常に迅速な対応をしてもらえるわけでもありません。

そこで、企業では、法務部という部署を作り、日々の法務は、この部署が対処をしているわけです。企業内弁護士は、通常、この部署に配属され、会社の内部から法的問題のチェックをしており、必要に応じて外部の法律事務所とも連携しつつ、案件の解決を目指しています。

法曹になるためのステップ

▶ STEP1　司法試験合格
- ＊ 試験日程：7月中旬に年1回実施
- ＊ 短答式試験と論文式試験の両方を全員が受験
- ＊ 合格率：近年は30％以上に上昇

▶ STEP2　司法修習修了
- ＊ 司法修習生考試（二回試験）は、約95％が合格

　法曹になるためには、まず、司法試験に合格し、その後、司法修習を修了することが必要となります。試験に合格するだけでは法曹になることはできないのです。以下では、それぞれのステップの具体的な内容をチェックしましょう！

STEP1　司法試験に合格すること

■ 司法試験の実施時期・科目

　法曹三者になるためには、司法試験に合格しなければなりません。この司法試験は、年1回だけ実施されるもので、法曹三者になるために必要な能力を判定するものです。2022年度までは毎年5月に実施されていましたが、試験日程が2か月後倒しになったため、2023年度からは7月中旬に実施されています。

　司法試験では、短答式試験と論文式試験という2種類の試験が同時期に行われ、受験者全員がその両方を受験します。

　例年5日間行われ、そのうち論文式試験が3日、短答式試験が1日実施されます。残り1日は中日で、お休みになります。中日の3日目にどのような勉強をするかが4日目、5日目の鍵となります。

司法試験のスケジュール

1日目	2日目	3日目	4日目	5日目
論文：選択科目 （3時間）	論文：民法 （2時間）		論文：刑法 （2時間）	短答：民法 （1時間15分）
論文：憲法 （2時間）	論文：商法 （2時間）	お休み	論文：刑訴 （2時間）	短答：憲法 （50分）
論文：行政 （2時間）	論文：民訴 （2時間）			短答：刑法 （50分）

　司法試験の短答式試験、論文式試験の試験科目は、以下の通りです。

　◇ **短答式試験（7月）**：憲法・民法・刑法
　◇ **論文式試験（7月）**：公法系科目（憲法・行政法）、

民事系科目（民法・商法・民事訴訟法）、
刑事系科目（刑法・刑事訴訟法）、
選択科目【倒産法・租税法・経済法・
知的財産法・労働法・環境法・国
際関係法（公法系）・国際関係法（私
法系）から1科目】

■ **合否判定・配点**

　司法試験では、短答式試験で一定の点数を取った受験者の論文式試験の答案のみを採点対象とする仕組みが採られています。短答式試験がいわゆる足切りとしての役目を持っているということです。まず、各科目に基準点が設定されています。これは配点の4割です。各科目のうち1つでもこの基準を下回るものがあれば論文の採点がされません。また、各科目の合計点についても合格点を上回る必要があります。例年100点前後が合格点です。

　また、短答式試験の成績は、合否判定に全く用いられないというわけではないことにも注意が必要です！**短答式試験と論文式試験の比重を1：8になるように調整した上で、その合計点**

で**最終的な合否判定**が行われます。この調整に当たって、短答式試験の得点はそのまま合計点に加算されますから、短答式試験の満点は論文1科目分の得点に値します。そのため、短答を「足切り」程度の役割しか果たさない科目と軽視するのではなく、一定の点数を取っておくことが重要となります。もっとも、比重からもわかる通り、最も重要なのは論文であることに変わりはありません。

　なお、論文式試験の合格発表（最終合格の発表）は、11月上旬に予定されています。

短答式試験	配点	足切り点
憲法	50点	20点
民法	75点	30点
刑法	50点	20点
計	175点	

論文式試験	配点
公法系科目	200点
民事系科目	300点
刑事系科目	200点
選択科目	100点
計	800点

$$合計点 ＝ 短答式試験の得点 ＋ （論文式試験の得点 \times \frac{1400}{800}）$$

短答式試験で一定の点数を取った人だけが論文式試験の採点対象になる
短答式試験と論文式試験の比重は1：8　最終合格のためには論文が重要！

■ 司法試験の合格者数・合格率

▶ 司法試験の合格者数

　政府は、平成14年の司法制度改革推進計画において、合格者を3,000人程度とするとの数値目標を掲げていましたが、概ね2,000人程度で推移している状況に鑑み、平成25年7月の法曹養成制度関係閣僚会議の決定で、この数値目標を撤回しました。そのため、平成26年の司法試験の合格者数が注目されていましたが、1,810人と前年度より1割程度減となりました。そして、その後の合格者数も減少の一途を辿り、令和4年には**1,403人**となっています。

▶ 司法試験の合格率

　平成 18 年度から平成 20 年度を除き、10 年間は概ね 20% 台で推移していました（平成 18 年度から平成 20 年度は、法科大学院が創設されてから間もない時期であったため、合格者数に対して受験者数が少なく、合格率が高い、いわばボーナス期間でした）。ところが、令和元年以降、受験者数の大幅な減少に伴い、合格率が上昇し続け、令和 4 年の合格率は 45.5% という非常に高い数値になっています。これは当初のボーナス期間とほぼ同じ合格率です。もっとも、令和 5 年度から法科大学院在学中の司法試験受験が可能となり、受験者数が増加することから、合格率は今後低下することが想定されます。

COLUMN　旧司法試験と（新）司法試験の違い

　法科大学院制度創設前から続いていた司法試験（以下「旧司法試験」といいます）は、合格率が 3% 程度の試験でした（旧司法試験は、平成 22 年で終了しています）。その合格率の低さから、国家試験の中でも最難関試験だといわれてきました。ところが、平成 16 年に法科大学院制度が創設されたのをきっかけとして、合格率が大幅に変化していきます。

　一方、現行の司法試験（旧司法試験と区別するために、ここでは「（新）司法試験」といいます）は、平成 18 年から始まりました。

　平成 18 年から平成 22 年までの間は、（新）司法試験と旧司法試験が併行実施されていたことになります。

　旧司法試験は、受験者数が多く、合格率が低いことが特徴でした。これは、旧司法試験には受験資格がなく、誰でも受けられる試験だったからです。

　これに対して、以下で説明するように、（新）司法試験は、受験資格が必要となります。しかも、（新）司法試験には、受験期間の制限があり、法科大学院修了（又は予備試験合格）後、5 年以内でなければ、受験することができません。

　つまり、旧司法試験から（新）司法試験への移行は、**誰でも受けられるが 3% 程度しか受からない試験**から、受験資格を取得しなければならないが、受験資格さえ得れば比較的受かりやすい試験へ変更されたことを意味するということができます。

（新）司法試験の合格率等（法務省公表データより作成）

年度	受験予定者数	受験者数	合格者数	合格率
令和4	3,339	3,082	1,403	45.5%
令和3	3,733	3,424	1,421	41.5%
令和2	4,100	3,703	1,450	39.2%
令和1	4,899	4,466	1,502	33.6%
平成30	5,726	5,238	1,525	29.1%
平成29	6,624	5,967	1,543	25.9%
平成28	7,644	6,899	1,583	22.9%
平成27	8,957	8,016	1,850	23.1%
平成26	9,159	8,015	1,810	22.6%
平成25	10,178	7,653	2,049	26.8%
平成24	11,100	8,387	2,102	25.1%
平成23	11,686	8,765	2,063	23.5%
平成22	10,908	8,163	2,074	25.4%
平成21	9,564	7,392	2,043	27.6%
平成20	7,710	6,261	2,065	33.0%
平成19	5,280	4,607	1,851	40.2%
平成18	2,125	2,091	1,009	48.3%

旧司法試験の合格率等（法務省公表データより作成）

年度	出願者数	受験者数	合格者数	合格率
平成22	16,088	13,223	59	0.5%
平成21	18,611	15,221	92	0.6%
平成20	21,994	18,203	144	0.8%
平成19	28,016	23,306	248	1.1%
平成18	35,782	30,248	549	1.8%
平成17	45,885	39,428	1,464	3.7%
平成16	49,991	43,367	1,483	3.4%
平成15	50,166	45,372	1,170	2.6%
平成14	45,622	41,459	1,183	2.9%
平成13	38,930	34,117	990	2.9%

▌STEP2　司法修習を修了すること

　司法試験に合格したのも束の間、法曹三者になるためには、**司法修習**と呼ばれる１年間の研修期間をクリアしなければなり

ません。ここで法曹三者の実務を学び、法曹として業務をするための準備をします。

　司法修習には通称「**二回試験**」と呼ばれる、卒業試験（司法修習生考試）があります。この卒業試験には、例年約95%の人が合格します。

　そのため、司法試験に合格しさえすれば、ほぼ法曹資格を得たものと考えてよいでしょう。

　なお、司法試験に合格後、企業の法務部で7年以上の実務経験を積むなど、一定の条件を満たせば、司法修習を経なくとも法曹資格を得ることができます。ただ、これによって法曹資格を得ている人は限りなく少ないというのが現状です。

司法試験を受けるためには

▶ 司法試験受験資格
* ① 予備試験合格
* ② 法科大学院修了
* ③ 法科大学院在学中に一定の要件を満たす

▶ 受験資格の有効期間は取得から5年間

予備試験ルート・法科大学院ルート

　司法試験を受験するためには、**受験資格が必要**です。

　その受験資格は、**予備試験に合格するか、法科大学院を修了するかのどちらか**によって得ることができます。また、2023年度から法科大学院在学中であっても、一定の要件を満たした者に受験資格が認められます。

　次章で詳しく説明しますが、法科大学院を修了するためには、法科大学院入試に合格し、その後2年間（未修者コースは3年間）

法科大学院に通わなければなりません。

　これに対して、予備試験は、学歴や年齢などの制限はなく、**誰でも受験することができます。**

　予備試験は、経済的な理由などで法科大学院に進学できない方に法曹への途を開くために用意され、平成23年からスタートしましたが、現在は、法曹を目指す方にとって法科大学院に並ぶ**メインルート**になっています。

受験制限

　受験資格を取得した後も、無制限に司法試験を受験し続けることができるわけではありません。**法科大学院修了（又は予備試験合格）後、5年以内でなければ、受験することができません**（なお、平成26年以前は、回数制限もあり、5年以内に3回までしか受験できませんでした）。

COLUMN　弁護士の仕事はAIに取って代わられる？

　近年、仕事がAIに奪われるのではないかといわれていますよね。英国の大学博士、マイケル・A・オズボーン氏が発表した論文によれば、今後多くの仕事がオートメーション化し、AIに取って代わられるそうです。

　それでは、弁護士の仕事はAIに取って代わられるのでしょうか。その答えはNOです。もちろん、簡単な契約書のチェックやリサーチ業務はAIが担当することになるでしょう。そのため、パラリーガルや事務員等の仕事は少なくなる可能性が高いです。しかし、弁護士の仕事にはAIにできないことが多く含まれています。人とのコミュニケーションによって成り立っている側面があるのですね。例えば依頼者から法律相談を受け、絶妙なニュアンスを汲み取ったり、依頼者に寄り添ったアドバイスをしたりすることが挙げられるでしょう。このように人間にしかできない弁護士業務は今後も残り続けていくのです。そのように考えると、法曹資格を取得することのメリットがわかるでしょう。

法曹三者への道

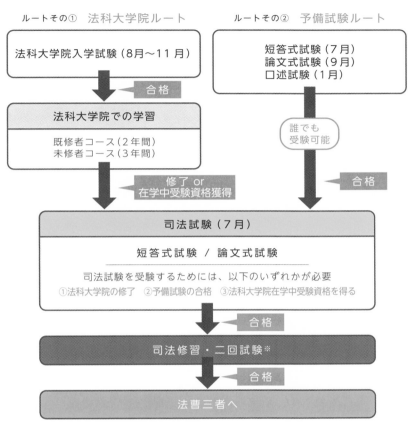

ルートその①　法科大学院ルート

法科大学院入学試験（8月〜11月）

合格

法科大学院での学習

既修者コース（2年間）
未修者コース（3年間）

修了 or
在学中受験資格獲得

ルートその②　予備試験ルート

短答式試験（7月）
論文式試験（9月）
口述試験（1月）

誰でも
受験可能

合格

司法試験（7月）

短答式試験 ／ 論文式試験

司法試験を受験するためには、以下のいずれかが必要
①法科大学院の修了　②予備試験の合格　③法科大学院在学中受験資格を得る

合格

司法修習・二回試験※

合格

法曹三者へ

※司法修習生考試（司法修習の卒業試験）

第 2 章

法科大学院ルート

　司法試験の受験資格を得るためには、主に予備試験ルートと法科大学院ルートがあることがわかったところで、まずは法科大学院ルートの仕組みやデータからメリット・デメリットを探っていきましょう。

01 法科大学院ルートとは？

▶ 修了年限
  * 既修者コース：2年
  * 未修者コース：3年

▶ 学費は年間 80 万円以上
▶ 修了者の司法試験合格率
  * 既修者コース：30 ～ 40%台
  * 未修者コース：10 ～ 20%台

法科大学院の仕組み

　法科大学院へ入学し、修了すれば、無条件に司法試験の受験資格を得ることができますし、一定の条件を満たせば、3年次の司法試験受験が可能となります。**法科大学院ルートは、時間はかかりますが、確実に司法試験の受験資格を得られるルート**だといえるでしょう。

　法科大学院へ入学するための方法ですが、法科大学院には、**2年間で修了することができる既修者コースと3年間で修了することができる未修者コース**があります。いずれのコースを採るとしても、主に**8月中旬から11月中旬までの間に実施される各法科大学院が実施する入学試験**を受験することになります。

　予備試験の論文式試験は9月に実施されますから、法科大学院入試と予備試験の両方を受験する場合には、より綿密なスケジュール管理が必要となるでしょう。

　既修者コースと未修者コースでは試験内容が異なりますので、

以下分けて見ていきましょう。また、法曹コース、早期卒業・飛び入学制度の概要についてもここで説明します。

既修者コース

既修者コースとは

　既修者コースとは、入学後2年間の学習期間で法科大学院を修了できるコースです。

　既修者コースの入学試験では、法律の知識が問われます。**入学段階で一定の法律知識を備えていることを前提とする代わりに、2年間の学習期間で法科大学院を修了することができる**ということです。

　なお、法学部卒業か否かは関係がありません。他学部の方でも、既修者コースへの出願ができますし、逆に、法学部の方でも、未修者コースへの出願ができます。

法律試験

　ほぼ全ての大学院で、論文式試験が課されます。出題される科目は、大学院によって異なりますが、憲法・民法・刑法の3科目はほとんどの大学院で出題されています。商法、民事訴訟法、刑事訴訟法、行政法は法科大学院によって様々です。面接が実施される大学院もあります（一橋大学など）が、そこで聞かれるのは、法律知識ではなく、志望動機等です。

法律試験以外

　志望動機書（ステートメント）、英語（TOEIC・TOEFLの成績）、面接、学部成績（GPA）、職務経歴など、合否の判定に当たっては法律試験の成績以外の様々な要素も考慮されます。

未修者コース

未修者コースとは

　未修者コースは、**法律を学んだことがない方のためのコース**です。入学後、法科大学院の修了、すなわち司法試験の受験資格取得までに３年間の学習期間を要します。

　未修者コースも、それぞれの大学院によって試験科目や出題形式は異なりますが、法律の知識が問われないことに特徴があります。**入学段階では法律知識を備えていないことを前提としている**ため、法科大学院の修了まで３年間の学習期間を要するのです。

合否判定

　未修者コースでは、法律試験が課されませんので、それ以外の要素で合否を判定するしかありません。そのため、小論文、志望動機書（ステートメント）、英語（TOEIC・TOEFL の成績）、面接、学部成績（GPA）、職務経歴等様々な要素を総合的に考慮して合否を判定する法科大学院が多いです。

法曹コース／早期卒業・飛び入学制度

法曹コース

　法曹志望者が、学部段階から法科大学院と連携した体系的・一貫的な教育を受けられるコースです。法学部生が２年生進学時に選択し、大学を早期卒業（３年）して既修者コース（２年）に進みます。

早期卒業・飛び入学制度

　法学部生以外も利用できる制度です。大学に３年以上在学した者が、大学の卒業要件あるいは大学院の入学要件を満たすことで、学部の在学期間を３年に短縮することができます。

　既修者コース（２年）と組み合わせることで、５年間で司法試験受験資格を得ることができます（飛び入学制度では、学部は中退扱いになります）。

法科大学院入試の難易度

　それぞれの法科大学院ごとに異なるため、一概にはいえないのですが、全体の受験者数は年々減少し（平成16年では、累計の志願者数が72,800人であったのに対し、令和４年では10,564人まで落ち込んでいます）、令和４年の入学定員充足率は88.1％となっています。

　上位・難関法科大学院と呼ばれる一部の法科大学院（本書では、直近３年間の既修者合格率が45％を超え、かつ50名以上の司法試験合格者を輩出する大学院、東京大学、一橋大学、慶應義塾大学、京都大学を指すことにします）では、現在でも、受験倍率が２、３倍程度になるのですが、法曹志望者の多くが予備試験を第１志望としており、法曹志望の学部生の中には、法科大学院を保険として位置付ける人もいます。しかし、在学中受験が認められたことにより、法科大学院の人気が再燃の兆しを見せています。今後は、法科大学院を「保険」として位置付けるとしても、志望する法科大学院に進学するためにはより一層の対策が必要となることが予想されます。

法科大学院入学定員充足率等（文部科学省公表データより作成）

年	志願者数	入学定員数	入学者数	入学定員充足率
令和4	10,564	2,233	1,968	88.1%
令和3	8,341	2,233	1,724	77.2%
令和2	8,161	2,233	1,711	76.6%
令和1	9,064	2,253	1,862	82.6%
平成30	8,058	2,330	1,621	69.6%
平成29	8,160	2,566	1,704	66.4%
平成28	8,278	2,724	1,857	68.2%
平成27	10,370	3,169	2,201	69.5%
平成26	11,450	3,809	2,272	59.6%
平成25	13,924	4,261	2,698	63.3%
平成24	18,446	4,484	3,150	70.2%
平成23	22,927	4,571	3,620	79.2%
平成22	24,014	4,909	4,122	84.0%
平成21	29,714	5,765	4,844	84.0%
平成20	39,555	5,795	5,397	93.1%
平成19	45,207	5,825	5,713	98.1%
平成18	40,341	5,825	5,784	99.3%
平成17	41,756	5,825	5,544	95.2%
平成16	72,800	5,590	5,767	103.2%

法科大学院志願者数の推移（文部科学省公表データより作成）

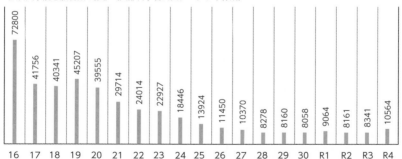

入学定員数・入学者数・入学定員充足率の推移（文部科学省公表データより作成）

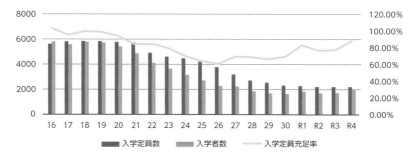

法科大学院の学費

　国立大学で年間80万4,000円（令和4年現在、別途、入学金が28万2,000円）、私立大学では年間100万円程度（別途、入学金が20万円程度と在籍料や研究会費等の名目で10万円から30万円程度かかる大学院もあります）かかります。

　少人数教育を徹底するために、通常よりも費用がかかる法科大学院ですが、入学金・学費の免除制度や奨学金制度を設けていることが大半です。

　経済的に困窮している者に対する入学金・学費の免除制度は、ほとんど全ての法科大学院に設けられています。

　成績優秀者に対する学費の減免制度もあります。この制度を導入している国立・公立の法科大学院もありますが、元々の学費が高額な私立の方が充実しています。法曹コース経由で入学した学生向けの奨学金も増加しており、私立であっても国立より実質的な負担額が軽いこともあります。

　奨学金制度の内容や適用される人数は、各法科大学院により様々なので、事前に調べておく必要があります。

既修・未修別 法科大学院修了者の司法試験合格率

　既修者コース修了者の合格率は30～40％台で推移しています。

　さらに、上位・難関法科大学院の既修者コース修了者に限ってみると、比較的高い合格率をたたき出しています。

　ただし、この中には相当数の「予備試験合格者」が含まれている可能性があります。

そして、予備試験合格者は上位・難関法科大学院の既修者以上に高い合格率で司法試験に合格していきます。

上位・難関法科大学院既修者コース修了者の司法試験合格率（法務省公表データより作成）

	令和元年度 合格率	令和2年度 合格率	令和3年度 合格率	令和4年度 合格率
東京大学	77.6%	80.2%	67.6%	76.3%
一橋大学	74.3%	80.7%	65.4%	70.4%
京都大学	77.2%	73.3%	75.4%	84.8%
慶應義塾大学	58.7%	55.9%	59.8%	63.6%
予備試験合格者の 司法試験合格率	81.8%	89.4%	93.5%	97.5%

　一方、未修者コース修了者の合格率は10～20％台で推移しています。

既修者・未修者別合格率（法務省公表データより作成）

年	既修者			未修者		
	受験者数	合格者数	合格率	受験者数	合格者数	合格率
令和4	1,656	790	47.7%	1,021	218	21.4%
令和3	1,824	829	45.4%	1,200	218	18.2%
令和2	1,895	828	43.7%	1,385	244	17.6%
令和1	2,252	901	40.0%	1,829	286	15.6%
平成30	2,510	833	33.2%	2,295	356	15.5%
平成29	2,823	922	32.7%	2,744	331	12.1%
平成28	3,099	951	30.7%	3,418	397	11.6%
平成27	3,506	1,133	32.3%	4,209	531	12.6%
平成26	3,417	1,121	32.8%	4,354	526	12.1%
平成25	3,152	1,209	38.4%	4,334	720	16.6%
平成24	3,231	1,171	36.2%	5,071	873	17.2%
平成23	3,336	1,182	35.4%	5,429	881	16.2%
平成22	3,353	1,242	37.0%	4,810	832	17.3%
平成21	3,274	1,266	38.7%	4,118	777	18.9%
平成20	3,002	1,331	44.3%	3,259	734	22.5%
平成19	2,641	1,215	46.0%	1,966	636	32.3%
平成18	2,091	1,009	48.3%			

COLUMN　法科大学院での生活

法科大学院の授業

　必修科目と選択科目に分けられています。必修科目では、司法試験の必須科目である基本7科目（憲法・行政法・民法・商法・民事訴訟法・刑法・刑事訴訟法）を学びます。選択科目には、法律実務基礎科目（要件事実論など。なお、要件事実論は予備試験の法律実務基礎科目民事で出題されます）、基礎法学・隣接科目（外国法など）、展開・先端科目（司法試験選択科目など）があり、ゼミなどを履修できる法科大学院もあります。

授業の予習・復習

　法科大学院や授業を担当する教授にもよりますが、一般的に法科大学院の授業の予習・復習は、大変だといわれています。多くの法科大学院では、少人数のクラス制が採られており、ソクラテスメソッドと呼ばれる問答形式で授業が進められるため、予習をしていないと教授からの質問に答えられないからです。

また、授業内レポート、中間試験、期末試験に備えるために、授業の復習も必要です。

　そのため、朝から晩まで法科大学院の自習室にこもって勉強しているという学生も少なくないようです。日々の予習・復習は大変ですが、法律に対する深い理解が得られます。また、試験に合格する力はもちろん、実務でも役立つような幅広い能力を養うことができるのが法科大学院の魅力です。

授業内容

　よく「法科大学院の授業は司法試験に役立つのか？」と聞かれることがありますが、これに関しては、法科大学院や担当教授によるとしかいいようがありません。

　かつては、法科大学院の予備校化を避けるため、法科大学院では司法試験の受験指導全般が禁止されていましたが、最近は文部科学省の態度が柔軟化してきたこともあり、司法試験過去問を授業内で取り扱うなど、司法試験に役立つ授業が行われる場合もあるようです。もっとも、本格的な試験対策をするわけではありませんので、最短で司法試験に受かるという観点からは不十分である可能性が高いです。

就職事情

　従来は、特に大手法律事務所では予備試験合格者を優先的に採用する傾向が強かったです。そこで、大手事務所就職を目指す上位・難関法科大学院の既修者コースの学生は、予備試験合格を目指したり、さらに法科大学院内での成績（ＧＰＡ）の向上を目指したり、何とかしてその難関を突破しようと目の色を変えて勉強していました。しかし在学中受験制度によって法科大学院３年生からの就活が活発になる影響で、上位・難関法科大学院から大手に就職するという流れも強まりつつあり、予備試験合格者の方が圧倒的に有利という状況は変わりつつあります。

　ちなみに、法科大学院の必修科目の成績評価は相対評価なので、ＧＰＡを向上させるためには、レポート・中間試験・期末試験とあらゆる場面で人より秀でていなければなりません。法科大学院生が授業の予習・復習に勤しむのは、単に授業の内容を消化するためだけでなく、ＧＰＡを向上させるという意味もあるのです。

　法科大学院ならではの就職に関する特長としては、学内での就職説明会が開かれるなど、就職のサポートが受けられる点が挙げられます。

　また、エクスターンシップやサマークラークに参加することで、弁護士実務や職場の雰囲気について知ることができ、自分の適性や司法試験合格後

のキャリアプランについて考える貴重な機会を得られます。特にサマークラークは就職活動としての側面もあるため、能力が評価されれば採用にもつながります。

　裁判官や検察官との交流の機会もありますので、実際に自分が法律家になってからのことをイメージし、準備をした上で就職活動を進めていけることは法科大学院の大きなメリットといえるでしょう。

02 法科大学院ルートのメリット・デメリット

> ▶ ⊕ 司法試験受験資格を得やすい
> ▶ ⊕ 人脈作りができる
> ▶ ⊖ お金と時間がかかる
> ▶ ⊖ 予備試験ルート受験生がライバル

メリット

❶ 入学・卒業が予備試験ほど難しくない

　上位・難関法科大学院といえども、真面目に勉強していれば十分合格できます。大学生の方であれば、コツコツと学習に励みつつ、サークル活動や遊びと両立させることが可能です。

　もっとも、法科大学院入学後の留年には注意しなくてはなりません。令和3年度の留年率を調べると、未修者については約4割、既修者についても約2割程度は留年していることがわかります。これは非常に高い割合です。

　入学が比較的容易なことはメリットですが、司法試験受験資格を得るためには、法科大学院ルートであっても、かなりの勉強が必要となるということを知っておきましょう。

❷ 受験仲間ができやすい

　同じ目標を持った友人をたくさん作ることができる点は大きなメリットです。法科大学院に進学する方々は、ほぼ全員が司法試験に合格し、法曹として活躍することを目標としています（研究職を目指す過程として進学する場合もあります）。互いに

切磋琢磨し、時には励まし合いながら、モチベーションを維持することができます。

　法科大学院でできた人脈は、実務に出てからも極めて有効です。多くの法科大学院には同窓会組織が存在し、当該法科大学院出身の法曹が、法科大学院修了後も交流する場が設けられています。法曹界は狭い世界ですので、学生時代をともに過ごした仲間が同じように働いているというのは、非常に心強いでしょう。

❸ 学生と先生との距離が近い

　大学の法学部では、大きな教室で一方向的な講義形式の授業が行われることが一般的ですが、法科大学院では、学生と先生との対話形式による授業が行われます。また、ゼミなどの少人数制の授業も充実しており、懇親会が開催されるなど、先生方と密な交流を図ることができます。法科大学院では、研究者の方だけでなく、実務家の方も多くいらっしゃるため、学生のうちから実務に対するイメージを掴み、人脈を形成することが可能です。

デメリット

❶ お金と時間がかかる

　法科大学院ルートの最大のデメリットです。

　最短でも大学3年間＋法科大学院1年間の学習期間を要しますので、予備試験ルートに比べ、より多くのお金と時間を費やすことになります。生活費や書籍代・コピー代などの諸雑費もかさみます。ただし、返還不要型の奨学金を受給できれば、学費の負担は軽減されます。

　また、法科大学院ルートを採ったからといって予備校利用が

不要になるわけではありません。上位・難関法科大学院に合格するためにはそれなりの受験勉強が必要ですし、多くの法科大学院生は、入学前からそして入学後も、予備校を利用しています。法科大学院の講義だけでは、司法試験の受験対策として不十分であることが多いからです。

　法科大学院ルートを採った場合には、予備試験ルートと同等、あるいは、学習期間が長い分、それ以上の予備校の授業料がかかることは覚悟しておいてください。

❷ 予備試験ルート受験生がライバル

　現在、多くの受験生は予備試験を第1志望とし、それがダメだった場合に、法科大学院に進学するという選択をしています。そのため、上位・難関法科大学院入試においては、予備試験志望者と競合することになります。

　本気で予備試験を志望している方は、勉強に専念していますので、仮に予備試験に合格できなかったとしても、かなりの学力を備えています。

　そのような受験生と法科大学院入試において競わなければならないとなると、法科大学院ルート志望者にとっては厳しい状況となることが予想されます。

　これは予備試験と法科大学院の併願がスタンダード化したことの結果論にすぎないのかもしれませんが、現状としては法科大学院ルートのデメリットといえるでしょう。

03 法科大学院に進学しても予備試験を受験すべき？

- ▶ 司法試験対策になる
- ▶ 就職活動に有利
- ▶ 基礎的な法的思考力が盤石なことの証明

　令和5年度から司法試験の在学中受験が可能となり、各法科大学院の定める要件を満たした3年生が司法試験を受験できるようになりました。この制度を利用すると、法科大学院の既修者コースに入学した場合、既修1年目である2年生の時に予備試験に合格できなかったとしても、翌年の3年生の時には司法試験を受験できます。そのため、「法曹になるまでの時間を短縮する」という観点からは、法科大学院進学後に予備試験を受験するメリットは大きくありません。

　それでも、法科大学院進学後であっても予備試験を受験すべきです。以下、その理由について、詳しく説明します。

司法試験対策

　1つ目の理由は、翌年の司法試験対策として有効であるためです。まず、短答式試験について、司法試験では憲法、民法、刑法のみですが、予備試験ではこれらに加えて行政法、商法、民事訴訟法、刑事訴訟法、一般教養科目が課されます（一般教養科目は司法試験では出題されないため、以下では言及しないものとします）。短答式試験は、論文式試験よりも出題範囲が広く、細かい知識も多く問われるため幅広い学習が必要となりますが、行政法、商法、民事訴訟法、刑事訴訟法を含めた7科目

について、このような学習をしておくことで安定した学力が身に付き、司法試験において大きなアドバンテージとなります。論文式試験においても、そもそも作問者である試験委員は多くが司法試験と共通であり、実際の出題傾向も似ています。過去に司法試験では出題されていなかったけれども、予備試験では出題実績のあった論点が司法試験で出題されることも珍しくないため、予備試験に向けた学習は、司法試験にとっても極めて有効です。

就職活動に有利

　2つ目の理由は、就職活動におけるメリットが大きいためです。特に、大手から準大手の企業法務事務所を志望する方にとっては大きなメリットとなります。このような事務所は、予備試験の最終合格者を対象に（口述試験の合否は問わず、論文式試験の合格者を対象とする事務所もあります）、「ウインタークラーク」という短期間のインターンを行う場合が多いです。このウインタークラークに参加し、志望する事務所の弁護士に顔を覚えてもらうことにより、司法試験後の本選考において大きなアドバンテージとなります。事務所によっては、司法試験より前の時期に内々定という形で学生に声をかけることも珍しくありません。いずれにせよ、司法試験より前に志望する事務所と接点を作ることができ、その後の就職活動を有利に進められる可能性が高まるという意味で、このウインタークラークへの参加は極めて有効といえます。

　また、予備試験に合格していることは基礎的な法的思考力が盤石であることの証明になりますので、特に書類選考においては間違いなく優遇されるでしょう。

　このように、法科大学院の既修者コースに進学し、翌年の司

法試験を受験する予定であっても、予備試験に合格することには大きなメリットがあるといえます。入学直後の４月から５月にかけては、慣れない環境で授業の予習復習に忙殺され、予備試験の対策に十分な時間が割けない可能性がありますので、可能であれば、入学前の３月頃から短答式試験の対策を少しずつ進めておくことをオススメします。

第 3 章

予備試験ルート

法科大学院ルートについてわかったところで、次は予備試験ルートの仕組みやデータからメリット・デメリットを探っていきましょう。

01 予備試験ルートとは？

- ▶ 合格者数：450人程度
- ▶ 合格率：4％前後
- ▶ 予備試験合格者の司法試験合格率は高い（令和3・4年は90％以上）

予備試験の仕組み

　予備試験を受けるための**受験資格や受験回数に制限はなく、誰でも受けることができます**。短答式試験、論文式試験、口述試験の3つの試験があり、順番に1つずつ合格していかなければ、次の試験を受けることができません。そして、口述試験まで合格すると、晴れて司法試験の受験資格を得ることができ、翌年の司法試験を受験することができます。

　なお、予備試験には「一度合格すれば免除」という制度はありません。そのため、論文式試験、口述試験で不合格となってしまった場合、来年度はまた短答式試験から受験しなければなりません。

　各試験の特徴などは、後ほど詳しく説明します。

予備試験の合格者数と合格率

合格者数

　予備試験は平成23年に始まって以来、年々合格者数が増え続

けており、令和4年の合格者数は472人となっています。今後も緩やかではあるものの合格者数が増えていくことが想定されます。

合格率

　合格率も上昇傾向にありましたが、近年は4％前後を維持しており、今後もその傾向は変わらないと考えられます。

予備試験の合格率等（法務省公表データより作成）

年	出願者数	短答式試験			論文式試験			口述試験			最終合格率
		受験者数	合格者数	合格率	受験者数	合格者数	合格率	受験者数	合格者数	合格率	
令和4	16,145	13,004	2,829	21.8%	2,695	481	17.8%	481	472	98.1%	3.6%
令和3	14,317	11,717	2,723	23.2%	2,633	479	18.2%	476	467	98.1%	4.0%
令和2	15,318	10,608	2,529	23.8%	2,439	464	19.0%	462	442	95.7%	4.2%
令和1	14,494	11,780	2,696	22.9%	2,580	494	19.1%	494	476	96.4%	4.0%
平成30	13,746	11,136	2,661	23.9%	2,551	459	18.0%	456	433	95.0%	3.9%

予備試験合格者の司法試験合格率

　予備試験合格者の司法試験合格率は、非常に高く、近年は80％以上にもなっています。これは、**どの法科大学院よりも**圧倒的に高い割合です。特に予備試験合格者の資格で受験した大学生・法科大学院生の合格率は驚くべきことに98.9％にも及び、予備試験に合格することが司法試験合格への最短ルートであることがわかります。

予備試験合格者の司法試験合格率（法務省公表データより作成）

平成30年度	令和元年度	令和2年度	令和3年度	令和4年度
77.6%	81.8%	89.4%	93.5%	97.5%

02 予備試験ルートのメリット・デメリット

> ▸ ⊕ お金も時間も節約できる
> ▸ ⊕ 司法試験の合格可能性が上がる
> ▸ ⊖ 難易度が高く合格率が低い
> ▸ ⊖ 勉強仲間は自分で探す必要がある

メリット

❶ お金と時間の節約

　予備試験ルートの最大のメリットは、やはりお金と時間がかからないということでしょう。

　例えば、大学1年生を例にとってみましょう。

　大学1年生で学習を開始して、1年間の勉強で大学2年次に予備試験に合格すると、大学3年次に司法試験を受験し、合格することができます。

　これに対して法科大学院ルートを選択した場合、大学の早期卒業制度や飛び入学制度を活用し、大学在学期間を3年間に短縮し、既修者コースに入学したとしても、大学3年間＋法科大学院2年間（又は1年間）の学習期間が必要です。

　また、予備試験ルートの場合には、法科大学院に授業料を支払う必要はありませんし、その間にかかる生活費や教科書・参考書の書籍代・コピー代などの諸雑費もかかりません。

　必要な費用は、学習期間に応じた生活費・諸雑費と、予備校の授業料だけです（なお、後に説明しますが、1年間の学習期間で予備試験の合格を目指す場合には、予備校の利用はほぼ必

須です)。

　そのため、**法科大学院ルートに比べ、時間とお金を節約することができます。**

　実際に、大学在学中の受験生の多くが、早く法曹資格を取得し実務に就けることや、経済的負担を少しでも軽減することを重視して、予備試験を受験します。試験にかけるお金と時間は極力カットして、節約した分を趣味や新しい挑戦に使いましょう！

　なお、予備試験ルートのメリットは、費用を圧縮するだけにとどまりません。司法試験に早く合格できるということは、それだけ早く法曹として活躍することができるということですから、生涯年収の面でかなりの開きが出てきます（例えば、大手法律事務所に入所した場合、初年度から１千万円前後の年収を得ることができますので、数年間で数千万円の開きが出ることになります。これは驚きの差ですね！）。

❷ 予備試験合格後の司法試験合格率が高い

　予備試験合格者の司法試験合格率は、どの法科大学院よりも高いので、予備試験ルートで受験資格を得れば、法科大学院ルートで受験資格を得るよりも司法試験に合格しやすいというメリットがあります。予備試験に合格するほどの実力が付けられれば、司法試験にも安心して臨めます。

❸ 就職で一歩先を行ける

　❶と並ぶ予備試験ルートの魅力が就職における大きな優位性です。現在、大手渉外法律事務所は、予備試験合格者を優先的に採用する傾向にあります。

❹ 社会人受験生は仕事を辞めなくてOK

　法科大学院も夜間コースを設けている場合がありますので、これを利用すれば、仕事を続けながら法科大学院に通うことが

可能です。

　もっとも、上位・難関法科大学院に通おうとすれば、かなりハードな学習環境になり、どうしても仕事を辞めなければならなくなることがほとんどです。

　これに対して予備試験の場合には、一定の時間帯に授業があるわけではありませんので、仕事を続けながら自分のペースで合格を目指すことができます。もちろん、仕事を続けながらの学習は大変ハードなものではありますが、旧司法試験時代も、仕事を続けながら司法試験に合格していった人はたくさんいますので、十分に可能性はあります。予備校の効率的な学習スケジュールによって、大幅に合格可能性を上げることもできます。

デメリット

❶ 難しい！？

　予備試験の合格率は、今後も3～4％前後で推移していくことが見込まれていますので、簡単な試験でないことは確かです。これに対して、法科大学院は卒業しさえすれば、司法試験の受験資格を得ることができます。そして、上位・難関法科大学院といえども、予備試験合格と比べれば、入学と卒業は難しくありません。

　予備試験はたしかに難しい試験です。

　ただ、司法試験と異なり、いつでも何回でも受験することができますので、難しいことは承知の上でまずはチャレンジしてみるのがベストです！誰でも受けられる試験なので、記念受験的な層も一定数おり、事実上の合格率はもっと高いといわれていますので、正しい学習の継続によって十分合格できる可能性があります。

❷ 受験仲間が作りにくい？

　法科大学院はクラス制が採られていますので、横のつながりが非常に強いです。試験情報等でも有益なものはすぐにシェアされていきます。

　これに対して、予備試験の場合には、基本的に1人で勉強しなければならないので、受験仲間ができにくいという面があります。

　もっとも、現在ではSNSが発達しており、同じく予備試験を目指す仲間を見つけることはさほど難しいことではありません。また、多くの方が予備校に通うことになるので、そこで自然と受験仲間が見つかります。また、アガルートの一部の受講生はラウンジ自習室を利用することもでき、そこでできた仲間と切磋琢磨できます。予備試験受験は孤独なんじゃないの？と心配しなくても大丈夫です！

❸ 遊べない！？

　やはり予備試験はとても難しい試験です。そのため、大学生が本気で予備試験を目指す場合、基本的に遊びは必要最小限度にしなければなりません。大学在学中の合格にこだわらない、何年かかってもいいというのであれば、遊びも全力で楽しむことができるかもしれませんが、それでは予備試験を目指す意味はないでしょう。

　大学生の方であれば、サークル活動、アルバイト、旅行など、勉強以外にも色々とやりたいことがあると思います。しかし、予備試験を本気で目指すと決めたからには、これらはある程度は犠牲にしなければなりません（もちろん全く0にするという

わけではありません）。予備試験の学習に真剣に取り組む姿勢が大切です。また、社会人で、仕事を継続しつつ、予備試験を目指すのであれば、仕事以外の時間は全て勉強に費やす必要があります。

　これは、予備試験を目指す上での前提となる心構えとなるので、デメリットと呼んでいいのかどうかわかりませんが、覚悟を持って臨んでいただくことが必要となります。

03 予備試験ルートで差をつける！

▶ 大学生
* 3年生まで：予備試験1本
* 4年生から：法科大学院受験と並行

▶ 社会人は環境次第で挑戦期間を決める

まずは予備試験、次に上位・難関法科大学院既修者コース

　これまでの説明では、予備試験ルートと法科大学院ルートを対比してきましたが、実はそのように考える必要はありません。

　早期合格を目指すには、まずは予備試験合格を目標にするのがよいでしょう。

　しかし、予備試験は大変難しい試験なので、一生懸命勉強しても、運悪く合格できないこともあります。

　そのような場合に備えて、法科大学院を併願すればよいのです。もちろんここでいうところの法科大学院は上位・難関法科大学院を指します。

　実際に、多くの受験生が第1に予備試験合格を目指して勉強しています。そして、予備試験を目指して勉強していれば、上位・難関法科大学院の合格も簡単になります。

モデルケース

大学生の方と社会人の方では状況が異なるので、分けて説明しましょう。

大学生の場合

例えば、大学1年生で学習を開始したとします。飛び入学制度や早期卒業制度を考えなければ、大学2年次、3年次は予備試験1本で頑張りましょう。もちろん、ベストなのは大学2年次、3年次に合格することで、これはいうまでもありません。

大学2年次、3年次に運悪く予備試験に合格できなかった場合はどうするか。この場合は、大学4年次に予備試験と法科大学院を併願します。

大学卒業後も、予備試験1本でいくという選択肢もありますが、合格率の低さや法科大学院入学後も予備試験を受験できることを考えると、上位・難関法科大学院の既修者コースに進学し、確実に受験資格を取得できる道を確保する方が得策です。上位・難関法科大学院既修者コースに入学できれば、司法試験の合格も見えてきます。

また、法曹コースのある大学に入学した場合には、予備試験の学習に注力しつつ、1年次から法曹コースの利用も視野に入れるとよいでしょう。

社会人の場合

社会人の場合は、仕事を続けながら予備試験を受験すればよいでしょう。合格するまで予備試験にチャレンジするということでも構いません。その場合には予備校を利用するのが主流となります。

ただ、なるべく確実に司法試験に合格したいということであ

れば、合格率の低い予備試験にチャレンジし続けるより、法科大学院に進学してしまった方がいいという考え方もあります。ただし、未修者合格率が低いことからわかるように、法科大学院に進学したからといって、司法試験に合格するとも限らないのが現実です。留年のおそれもあります。

　社会人の場合は、それぞれ置かれている状況が異なるので、一概にこれがよいということはできません。状況に応じた判断をしていただくのがよいでしょう。

　予備試験は、経済的な理由などで法科大学院に進学できない方のために設けられた制度です。しかし、誰でも受験することができ、予備試験に合格すれば、法科大学院を修了しなくても司法試験を受験することができるようになるため、司法試験合格を目指す学生達の間では、法科大学院へ行くよりもむしろ予備試験を受験する方が合格への近道とみなされる傾向があります。現に、予備試験合格者のうち、**法科大学院生と大学生を合わせると約7割にも上っています。**

　予備試験の本来の目的とは異なり、予備試験と法科大学院の併願がスタンダードになっているというトレンドがよく見て取れます。

令和4年予備試験最終学歴別データ（出願時現在）（法務省公表データより作成）

最終学歴別	出願者	受験者	短答合格者	論文合格者	最終合格者
大学卒業	6,049	4,718	1,111	90	87
大学在学中	4,306	3,835	672	196	196
大学中退	376	253	51	2	2
法科大学院修了	1,815	1,325	433	33	33
法科大学院在学中	1,290	1,101	260	132	126
法科大学院中退	374	273	45	5	5
法科大学院以外の大学院修了	1,064	832	183	18	18
法科大学院以外の大学院在学中	55	45	10	0	0
法科大学院以外の大学院中退	135	97	23	1	1
短期大学卒業	66	50	1	0	0
短期大学在学中	2	0	0	0	0
短期大学中退	6	4	0	0	0
高校卒業	309	236	22	1	1
高校在学中	42	37	2	1	1
高校中退	60	49	7	2	2
その他	196	149	9	0	0
合計	16,145	13,004	2,829	481	472

COLUMN　予備試験と既修者コースの試験形式・試験科目の被り

　予備試験と上位・難関法科大学院既修者コースの併願がスタンダードになっていますが、その要因の１つとして、予備試験と上位・難関法科大学院既修者コースの試験科目（特に、論文式試験）に大幅な被りがあることが挙げられます。

　以下は、予備試験と上位・難関法科大学院既修者コースの論文試験の出題形式・科目を表にしたものです。予備試験対策をしていれば、自然と上位・難関法科大学院既修者コースの受験対策にもなることがよくわかります。

予備試験と上位・難関法科大学院既修者コースの試験形式・試験科目
（令和４年度の法務省及び各法科大学院が公表したデータに基づいて作成）

	科目	予備試験	東京大学	一橋大学	慶應義塾大学	京都大学
論文式試験	憲法	○	○	○	○	○
	行政法	○	○	×	×	○
	民法	○	○	○	○	○
	商法	○	○	×	○	○
	民事訴訟法	○	○	○	○	○
	刑法	○	○	○	○	○
	刑事訴訟法	○	○	○	○	○
	法律実務基礎科目民事	○	×	×	×	×
	法律実務基礎科目刑事	○	×	×	×	×
	選択科目	○	×	×	×	×

第4章

予備試験の３つの関門

　予備試験の内容を見ていきましょう。予備試験は、短答式試験→論文式試験→口述試験の順番に行われ、この３つの試験全てに合格することで司法試験受験への切符を手にすることができます。そして、予備試験の天王山は論文式試験です。

01 短答式試験
最初の壁は思ったより低い？

> ▶ 法律 7 科目 ＋ 一般教養科目（マークシート形式）
> ▶ 約 60％の正答率で合格
> ▶ 真面目に正しい方向で勉強していれば合格できる

試験概要

試験科目

　憲法、行政法、民法、商法、民事訴訟法、刑法、刑事訴訟法（以下、この 7 科目を合わせて「法律基本科目」といいます）と一般教養科目の全 8 科目です。

配点

　法律基本科目はそれぞれ 30 点、一般教養科目は 60 点、合計 270 点です。

試験時間

　憲法、行政法が合わせて 1 時間、民法、商法、民事訴訟法が合わせて 1 時間 30 分、刑法、刑事訴訟法が合わせて 1 時間、一般教養科目が 1 時間 30 分となっています。

問題数

　法律基本科目は、それぞれ 10 問から 15 問出題されます（例年、

憲法・行政法が12問、民法・商法・民事訴訟法が15問、刑法・刑事訴訟法が13問出題されています)。

　なお、予備試験短答式の法律基本科目の問題と司法試験の短答式試験の問題は、7〜8割ほど重なっています(共通問題といわれます。なお、科目としては、司法試験の短答式試験は、憲法・民法・刑法の3科目だけ(平成27年度に制度変更)なので、行政法・商法・民事訴訟法・刑事訴訟法は、予備試験のみで出題されます)。

合格点

　合格ラインは例年160〜170点程度(満点270点)です。つまり、約60%の正答率で合格できます。

予備試験短答式試験の科目など

科目	配点	試験時間	問題数
憲法	30点	1時間	10問から15問
行政法	30点		
民法	30点	1時間30分	
商法	30点		
民事訴訟法	30点		
刑法	30点	1時間	
刑事訴訟法	30点		
一般教養科目	60点	1時間30分	40問程度の問題から20問を選択

出題形式

　マークシート形式です。主に知識が問われます。

難易度

　短答式試験は、例年約20％程度の合格率となっています。20％程度と聞くと難しいように感じるかもしれませんが、受験者の中には、記念受験的な人が相当数含まれています。予備試験を受験し、不合格になったとしても、何のペナルティもありませんが、毎年2,000人以上の人が「受け控え」ています。その理由は様々でしょうが、とりあえず出願してみたものの、箸にも棒にもかからないから受けに行くのが面倒になったという人も多いでしょう。

　そうなると、出願して受験料も払ったのだから、受けるだけ受けてみようと考える記念受験的な人が相当数含まれていても不思議ではありません。

　そのため、短答式試験は数字ほどの難関試験ではありません。やや誤解を招くいい方かもしれませんが、**真面目に・正しい方向で勉強していれば、合格できるレベル**だといってよいでしょう。

予備試験短答式試験合格率等（法務省公表データより作成）

年	受験者数	合格者数	合格率
令和4	13,004	2,829	21.8%
令和3	11,717	2,723	23.2%
令和2	10,608	2,529	23.8%
令和1	11,780	2,696	22.9%

02 論文式試験
予備試験の天王山

> ▶ 試験科目は 10 科目
> ▶ 論文式試験がヤマ場、ここを見据えた勉強計画を！

試験概要

試験科目

　論文式試験の試験科目は、法律基本科目 7 科目のほか、選択科目、法律実務基礎科目民事、法律実務基礎科目刑事の合計 10 科目です。

配点

　配点は、全ての科目が 50 点満点の合計 500 点です。

試験時間

　憲法、行政法が合わせて 2 時間 20 分、民法、商法、民事訴訟法が合わせて 3 時間 30 分、刑法、刑事訴訟法が合わせて 2 時間 20 分、選択科目が 1 時間 10 分、法律実務基礎科目民事、法律実務基礎科目刑事が合わせて 3 時間となっています。

　法律実務基礎科目の試験時間のみ少し長めに設定されていることに注意が必要です。

問題数

各科目1問ずつ出題されます。

合格点

　合格点は、例年概ね240点前後（満点500点）です。正答率50％程度で合格するため、随分と簡単そうだなと感じるかもしれませんが、出題形式が2,000字程度の論述である上、短答式試験のように明確な正解があるわけではなく、採点基準も公開されていませんので、何をどの程度書けば合格点に達するのかが見えません。

　短答式試験と異なり、公表されている合格点それ自体は、当てにならないと考えた方がよいでしょう。評価方法は相対評価ですので、まずは、全ての科目で平均的な答案を目指しましょう。

予備試験論文式試験の科目など

科目	配点	試験時間	問題数
憲法	50点	2時間20分	各1問
行政法	50点		
民法	50点	3時間30分	
商法	50点		
民事訴訟法	50点		
刑法	50点	2時間20分	
刑事訴訟法	50点		
法律実務基礎科目民事	50点	3時間	
法律実務基礎科目刑事	50点		
選択科目	50点	1時間10分	

出題形式

　手書き論文方式です。知識はもちろん高度な論理的思考力、体系的な理解が試されます。

難易度

　論文式試験は、長文の事例問題を読んで、白紙の答案用紙を埋めていかなければならないという点で、試験形式として馴染みがなく、それだけで難しく感じてしまいます。しかも、出題される問題は、高い応用力が求められるものが多く、出題意図に沿った解答をするためには、かなりの訓練が必要になります。

　また、論文式試験には、短答式試験合格者のうち最大20％程度しか合格しません。当然この中には記念受験的な人は含まれていませんので、数字通り、あるいは短答式試験を突破した実力者揃いの中での戦いであることを考えると、それ以上の難関試験です。

　また、論文式試験の合格者の９割以上が口述試験に合格していることを考えると、間違いなく**論文式試験が予備試験の天王山**になります。

予備試験論文式試験合格率（法務省公表データより作成）

年	受験者数	合格者数	合格率
令和４	2,695	481	17.8%
令和３	2,633	479	18.2%
令和２	2,439	464	19.0%
令和１	2,580	494	19.1%
平成30	2,551	459	18.0%

COLUMN 社会人受験生と予備試験

　法科大学院創立時は修了生の７、８割合格するとの触れ込みであったこと、予備試験ルートが存在しなかったこともあって、社会人受験生の多くが、仕事を辞めて法科大学院に進学しました。

　しかし、現在は仕事を辞めてまで法科大学院に進学しようという社会人受験生は少なくなり、多くの方が予備試験ルートでの司法試験合格を目指すようになりました。

　本書をお読みいただいている方の中には、社会人受験生の方も多いと思いますので、ここで気になるデータを紹介しておきます。

まず、前提として、社会人受験生とは、典型的には、大学を卒業し、会社や官公庁で働きながら司法試験を目指している方を指すことにしましょう。

　下図のうち、大学生や法科大学院在学生は当然ながら社会人受験生とは呼べません。また、法科大学院修了者も社会人受験生とはいいがたいでしょう。そうすると、主に「大学卒業」の 87 人が典型的な社会人最終合格者である可能性が高いと考えられます。

　そこで、この「大学卒業」の方の合格率を分析してみると、**論文合格率が、大学生や法科大学院生に比べて圧倒的に低い**のが気になります。

　短答式試験の合格率は、実受験者ベースで、大学生が 17.5%、「大学卒業」が 23.5%、法科大学院生が 23.6% でいわゆる社会人受験生の方が**大学生より高い数値**になっています。

　これに対して、論文式試験の合格率は、短答合格者数ベースで、大学生が 29.2%、「**大学卒業**」が 8.1%、法科大学院生が 50.8% となっています。

　なぜこのような結果になってしまうのか、その要因は様々考えられますが、いずれにしても**社会人受験生の方は、論文式試験の対策に注力する必要がある**ということは間違いありません。

令和 4 年最終学歴別合格者数（法務省公表データより作成）

最終学歴別	出願者	受験者	短答合格者	論文合格者	最終合格者
大学卒業	6,049	4,718	1,111	90	87
大学在学中	4,306	3,835	672	196	196
大学中退	376	253	51	2	2
法科大学院修了	1,815	1,325	433	33	33
法科大学院在学中	1,290	1,101	260	132	126
法科大学院中退	374	273	45	5	5
法科大学院以外の大学院修了	1,064	832	183	18	18
法科大学院以外の大学院在学中	55	45	10	0	0
法科大学院以外の大学院中退	135	97	23	1	1

03 口述試験
油断は禁物 !? 予備試験の最終関門

> ▶ 2日間、各 15 〜 20 分程度の面接試験
> ▶ 9割以上が合格
> ▶ 予備校が実施する口述模試で場慣れすることが必須

試験概要

試験科目

法律実務基礎科目（民事・刑事）の 2 科目が試験科目であるとされていますが、法律基本科目（民事では、民法・商法・民事訴訟法、刑事では、刑法・刑事訴訟法）の知識・理解も必要となります（口述試験については、法務省から出  題テーマの発表があるだけで、問題が公表されていません。そのため、受験者の再現に頼らざるを得ない状況です）。

配点

両科目ともに 57 点から 63 点の間で採点され、60 点が基準点とされています。ただし、その成績が特に不良であると認められる者に対しては、その成績に応じ、56 点以下とするとされています。

また、60 点が概ね半数程度となるように運用することが公表されています。

試験時間

　試験時間は公表されていません。実際に受験した方の話によると、15 〜 20 分程度が標準ですが、30 分かかった方もいるようです。会話のテンポは人によって異なりますし、問題にうまく答えられない方に対して、試験官が助け舟を出すことがあるので、時間がバラバラになるようです。したがって、かかった時間と評価には、必ずしも相関関係があるわけではありません。

　試験は 2 日に分けて実施され、試験官の人数が限られている関係で、1 日目に民事、2 日目に刑事を受験する人と、1 日目に刑事、2 日目に民事を受験する人がいます。

問題数

　試験官が簡単な事例を読み上げた後で、その事例で法的に問題となる点や関係する条文を問われます。

　問題数については、一概にはいえないのですが、端的に条文を指摘するだけの問題も含めると、民事・刑事ともに概ね 20 項目程度になるようです。

合格点

　合格点は、毎年 119 点です。

　民事・刑事のいずれかで若干のミスをして 59 点となってしまっても、もう一方が標準点（60 点）以上であれば、合格できることになりますし、逆に、57 点や 58 点になってしまうと、もう一方の科目で 61 点以上取らなくてはならず、挽回が苦しくなります。

出題形式

受験生１：面接官２　の面接方式
基本的な知識が身に付いているかの最終確認

難易度

　口述試験は、問われる内容が簡単ではなく、面接試験という特殊な試験形式なのですが、例年受験者の９割以上の方が合格しています。

　また、前述したように、受験者が解答に詰まった場合には、試験官が助け舟を出してくれることもあります。試験官は受験者を積極的に落とそうと思っているのではなく、受からせようと粘り強く問答してくれます。その誘導に乗ることも大切です。

　もっとも、口述試験を受験するのは論文式試験をくぐり抜けてきた猛者たちばかりですから、この中の５％になり、あえなく不合格となってしまうことはあり得ることです。特殊な試験形式に対応できるよう十分対策することが必要です。

予備試験口述試験合格率（法務省公表データより作成）

年	受験者数	合格者数	合格率
令和４	481	472	98.1%
令和３	476	467	98.1%
令和２	462	442	95.7%
令和１	494	476	96.4%
平成30	456	433	95.0%

口述試験の注意点

　口述試験は、面接官との面接形式で試験が行われます。特殊な試験形式なので、いくつか注意点があります。

❶ スーツ必須！

　対面形式の試験ですので、きちんとした身だしなみで受験することが重要です。就職活動と同様、スーツを着用し、髪型や髪色等が変に目立たないようにしましょう。

❷ 試験日時を間違えないように！

　口述試験は2日間行われ、1日目に刑事・2日目に民事を受験する人と、1日目に民事・2日目に刑事を受験する人がいます。

　また、集合時間も午前組と午後組で異なります。受験票の日程が、民事→刑事の順に印字されている関係で、後の科目が上に、先の科目が下に書かれていることもあり、混乱しますので、しっかり確認しましょう。

04 ３大関門突破戦略！

　予備試験の各試験の概要を掴んだところで問題に挑戦してみましょう。どのような問題が出題されるのか紹介しながら、その対策方法について特に重要な部分をここではお伝えします。各試験に特化した方法論はどうしても細かい内容になってしまいますので、別書籍にて詳しく解説しています。

短答式試験

　法律基本科目７科目と一般教養科目とで性質や対策が異なるので分けて紹介します。

法律基本科目の出題形式

> ▶ 短答プロパー知識（※）を含む正確な知識が備わっていることが大前提
>   （※短答式試験でしか問われない細かい知識のこと）
> ▶ 過去問で出題類型ごとの解答手法を身に付けよう

　複数の肢の中から問題文指定の選択肢を選び、マークシートに記入する形式の問題です。出題形式をいくつかの類型に分類することができるので、以下で見てみることにしましょう（なお、下線部は本書で付したものです）。類型化することによって、問題の難易度や特徴を把握することができ、試験で点数戦略を意識した効率的な解き方ができるようになります。

　なお、まだ法律学習を始めていない方、始めて間もない方は、まずは雰囲気を掴んでみましょう！

■ 単純に記述の正誤を判定させる問題

　この問題は、正しい（誤っている）記述を選ぶだけの非常に単純な問題です。短答式試験は以下のように、知識を中心に問う出題形式であるため、このタイプの問題が多く出題されています。

予備試験　令和3年　憲法第7問

　立憲主義の展開に関する次の1から5までの各記述のうち、<u>誤っているもの</u>はどれか。

1. 1789年のフランス人権宣言は、「権利の保障が確保されず、権力の分立が定められていないすべての社会は、憲法をもたない」と規定し、近代立憲主義の立場を宣明するとともに、所有は神聖不可侵の権利とした。

2. アメリカ合衆国では、憲法に明示的な定めはなかったが、合衆国最高裁判所の判例によって、司法審査制度が確立した。同裁判所は、大恐慌後のニュー・ディール期には、経済的自由権を重視し、政治部門と対立したが、今日では表現の自由について厳しい審査を行う立場をとっている。

3. ドイツでは、第一次世界大戦後、社会国家の理念を体現する規定を有するワイマール憲法が成立したが、その後ナチスの台頭を招き、数々の人権侵害が行われた。現在のドイツでは、司法裁判所とは別に特別の憲法裁判所が設置され、抽象的違憲審査制度を伴う憲法保障が確立している。

4. イギリスは、近代立憲主義の母国であるが、裁判所が、憲法典に照らして、議会の制定した法律を違憲無効とするということは行われていない。それは、イギリスが、議会主権・軟性憲法の国であるとともに、不文憲法の国であって、例えば、王位継承についても人身保護についても、成文の法規範が存在しないためである。

5. 国際的人権保障については、世界人権宣言の採択に続いて国際人権規約が発効し、その後も難民条約や女子差別撤廃条約等の個別の重要な人権条約について、我が国も締約国となった。地域的な人権条約の中でも欧州人権条約については、欧州人権裁判所が裁判的保障の役割を担っている。

正解は 4

このタイプの問題の亜種として「１、２問題」と俗称されている、次のようなタイプの問題も出題されています。

　行政裁量に関する次のアからエまでの各記述について、最高裁判所の判例に照らし、それぞれ正しい場合には１を、誤っている場合には２を選びなさい。

　ア．車両制限令における道路管理者の特殊な車両の特例の認定は、同令所定の車両についての制限に関する基準に適合しないことが、車両の構造又は車両に積載する貨物が特殊であるためやむを得ないものであるかどうかの認定にすぎず、基本的には裁量の余地のない確認的行為の性格を有するものであるから、具体的事案に応じ道路行政上比較衡量的判断を含む行政裁量を行使することは、許されない。

　イ．地方公共団体が、公共工事の契約に関する指名競争入札に参加させようとする者を指名するに当たり、工事現場等への距離が近く現場に関する知識等を有していることから契約の確実な履行が期待できることや、地元の経済の活性化にも寄与することなどを考慮し、地元企業を優先する指名を行うことは、その合理性を肯定することができる。

　ウ．廃棄物の処理及び清掃に関する法律において、一般廃棄物処理業は、専ら自由競争に委ねられるべき性格の事業とは位置付けられていないものであり、一般廃棄物処理業の許可をするか否かの判断に当たっては、その申請者の能力だけではなく、一定の区域における一般廃棄物の処理がその発生量に応じた需給状況の下において、当該区域の全体にわたって適正に行われることが確保されるか否かを審査することが求められていることから、行政庁には一定の裁量が与えられていると解される。

　エ．毒物及び劇物取締法に基づく毒物及び劇物の輸入業や販売業の登録は、登録を受けようとする者の設備の面から規制を加えるものであるが、行政庁には、専門技術的な裁量が認められていることから、設備だけではなく、登録の対象となる製品の用途や目的を考慮し、当該製品による人の生命身体への危険が予測できる場合には、登録を拒否することができる。

正解は ２、１、１、２

この問題は、単純に各記述の正誤を判定するだけですが、全ての記述の正誤が判定できなければ、正解を導くことができません。ただし、この「1、2問題」では、部分点が与えられていることが多いので（例えば、4問中3問正解であれば、3点中2点が与えられる）、厳密にいうと、全ての記述の正誤が判定できなければ、0点になるということではありません。

■ 全ての記述の正誤がわからなければ正解が導けない問題

予備試験　令和2年　憲法第3問

　表現の自由に関する次のアからウまでの各記述について、最高裁判所の判例の趣旨に照らして、<u>正しいものには○、誤っているものには×を付した場合の組合せ</u>を、後記1から8までの中から選びなさい。

　ア．自己の政治的意見を記載したビラを配布することは表現の自由の行使ということができるが、居住者が私的生活を営む場所である集合住宅の共用部分や敷地内に管理権者の承諾なく立ち入り、集合郵便受けや各室玄関ドアの郵便受けに当該ビラを投かんする行為は、管理権者の管理権を侵害するのみならず、そこで生活する者の私生活の平穏を侵害するものであるから、このような立入り行為をもって邸宅侵入の罪に問うことは許される。

　イ．表現の自由も絶対無制限に保障されるものではなく、公共の福祉のため必要かつ合理的な制限は是認されるものであって、たとえ思想を外部に発表するための手段であっても、その手段が他人の財産権、管理権を不当に害するごときものは許されないといわなければならないから、私鉄の駅構内において、同駅管理者の許諾を受けずにビラ配布や拡声器による演説を行い、駅構内からの退去要求を受けながらそれを無視して約20分間同駅構内に滞留した行為を不退去罪等により処罰することは許される。

　ウ．公共の福祉のため、表現の自由に対し必要かつ合理的な制限をすることは許されるが、政治的表現の自由は、民主政に資する価値を有する特に重要な権利であるから、政党の演説会開催の告知宣伝を内容とする立て看板を街路樹にくくりつける行為について、美観風致の維持及び公衆に対する危害防止の目的のために屋外広告物の表示の場所・方法等を規制する屋外広告物条例を適用して処罰することは、許されない。

　1．ア○　イ○　ウ○　　2．ア○　イ○　ウ×　　3．ア○　イ×　ウ○

4．ア○　イ×　ウ×　　5．ア×　イ○　ウ○　　6．ア×　イ○　ウ×
7．ア×　イ×　ウ○　　8．ア×　イ×　ウ×

正解は 2

　この問題は、記述ア〜ウの組合せを選択肢にしているのです
が、あり得る組合せが全て選択肢になっています。そのため、
記述ア〜ウ全ての正誤を判定できなければ、正解を導くことは
できません。
　その意味で、「1、2問題」と同じタイプの問題ということが
できます。そして、「1、2問題」には部分点がありましたが、
こうした問題は部分点がありませんので、より難しいといえる
でしょう。

■ 全ての記述の正誤がわからなくても正解を導ける問題

　民法・商法・民事訴訟法では、全ての記述の正誤がわからな
くても、答えが導き出せる問題が一定数出題されます。

予備試験　令和3年　商法第16問

　株式会社の設立に関する次のアからオまでの各記述のうち、<u>正しいもの
を組み合わせたもの</u>は、後記1から5までのうちどれか。

　ア．定款の認証の手数料は、定款に記載又は記録がない場合でも、成立
　　　後の株式会社が負担する。
　イ．判例の趣旨によれば、定款に記載又は記録しないでされた財産引受
　　　けは無効であるが、成立後の株式会社が追認すれば遡って有効になる。
　ウ．発起人が2人以上ある場合において、定款に記載又は記録しないで、
　　　各発起人が割当てを受ける設立時発行株式の数を定めようとするとき
　　　は、発起人の過半数の同意を得れば足りる。
　エ．発起人は、引き受けた設立時発行株式につき、その出資に係る金銭
　　　の全額を払い込んだ時に、当該設立時発行株式の株主となる。
　オ．発起人でない者も、設立時取締役になることができる。
　1．アウ　2．アオ　3．イウ　4．イエ　5．エオ

正解は 2

この問題の記述はアが○、イが×、ウが×、エが×、オが○になります。

「アとオが○だな。」とすぐに正解できるのがベストですが、常に確信を持って選べるとは限りません。そういうときには、消去法を利用しましょう。

もし、アが○であること、あるいは、オが○であることのいずれかがわかれば、いきなり選択肢を２択に絞り込むことができます。例えば「アが○だ！」とわかったとしましょう。その場合は、肢を１か２に絞り込むことができ、あとはウが×であること、あるいは、オが○であることがわかれば正解に辿り着くことができます。

○の選択肢がわからなかったとしても、確実に×だとわかる選択肢をまず消去し、そのあとは×の選択肢を推測していく方法で、正解の可能性を高めることもできます。

このような選択肢の絞り込み方は、これまでの受験勉強等で既に身に付いている方が多いかと思いますので、すぐに対応できるようになると思います。

上記のような問題は、**全ての記述の正誤が判断できなくても、正解を導き出すことができる**ので、他の形式よりも正解しやすいといえます。

とはいえ、やはり最低限の記述の正誤の判定はできなければなりませんので、正確な知識を身に付けることが前提となります。

■ 穴埋め問題

刑法や刑事訴訟法では、文章の空欄を埋めさせる問題も出題されています。このタイプの問題は、全ての空欄を埋めなくとも、選択肢から逆算することで、正解を導くことができます。

予備試験　平成 28 年　刑事訴訟法第 21 問

次の【記述】は、訴因変更の要否に関する最高裁判所の決定からの引用である。【記述】中の①から④までの（　）内から適切な語句を選んだ場合、その組合せとして正しいものは、後記１から５までのうちどれか。

【記　述】

　殺人罪の共同正犯の訴因としては、その実行行為者がだれであるかが明示されていないからといって、それだけで直ちに訴因の記載として罪となるべき事実の特定に欠けるものとはいえないと考えられるから、訴因において実行行為者が明示された場合にそれと異なる認定をするとしても、①（a．審判対象の画定　b．被告人の防御）という見地からは、訴因変更が必要となるとはいえないものと解される。とはいえ、実行行為者がだれであるかは、一般的に、②（a．審判対象の画定　b．被告人の防御）にとって重要な事項であるから、当該訴因の成否について争いがある場合等においては、③（a．他の犯罪事実との識別　b．争点の明確化）などのため、検察官において実行行為者を明示するのが望ましいということができ、検察官が訴因においてその実行行為者の明示をした以上、判決においてそれと実質的に異なる認定をするには、原則として、訴因変更手続を要するものと解するのが相当である。しかしながら、実行行為者の明示は、前記のとおり訴因の記載として不可欠な事項ではないから、少なくとも、被告人の防御の具体的な状況等の審理の経過に照らし、④（a．被告人に不意打ちを与えるものではない　b．他の犯罪事実との識別を損なうものではない）と認められ、かつ、判決で認定される事実が訴因に記載された事実と比べて被告人にとってより不利益であるとはいえない場合には、例外的に、訴因変更手続を経ることなく訴因と異なる実行行為者を認定することも違法ではないものと解すべきである。

1．①a　②b　③a　④a
2．①a　②b　③b　④a
3．①a　②b　③b　④b
4．①b　②a　③a　④a
5．①b　②a　③a　④b

正解は 2

■ 論理問題

　刑法では、各学説からどのような結論になるのかという論理操作を求める問題もあります。このタイプの問題は、複数の学説について、考え方や結論の違いを理解しなければ解けないため、高度です。

原因において自由な行為に関する次の各【見解】に従って後記の各【事例】における甲の罪責を検討した場合、後記1から5までの各【記述】のうち、誤っているものはどれか。

【見　解】

A．責任能力がある状態で行われた原因行為を実行行為と捉える。

B．責任能力を欠いた状態で行われた結果行為を実行行為と捉えつつ、責任能力は意思決定時に存在すれば足り、必ずしも実行行為時に存在することは必要ない。

【事　例】

Ⅰ．甲は、X宅に赴いて同人を殺害しようと決意し、心神喪失状態に陥る可能性があることを認識しつつ、自宅において景気づけのために覚醒剤を使用したところ、心神喪失状態に陥り、当初の計画どおりXを殺害した。

Ⅱ．甲は、X宅に赴いて同人を殺害しようと決意し、心神喪失状態に陥る可能性があることを認識しつつ、自宅において景気づけのために覚醒剤を使用したところ、心神喪失状態に陥ったが、X宅には赴かず、Xの殺害には及ばなかった。

Ⅲ．甲は、覚醒剤を使用すると粗暴になり周囲に暴行を加える習癖があると知りつつ、覚醒剤を使用した結果、心神喪失状態に陥り、Xと口論になり、殺意を生じて同人を殺害した。

【記　述】

1．Aの見解によれば、事例Ⅰでは、甲に、Xに対する殺人既遂罪が成立し得る。

2．Aの見解を採った上で、未遂犯の成立時期は結果発生の現実的な危険性が生じた段階に求められるべきで、それが常に実行行為の開始段階に認められる必然性はないと考えれば、事例Ⅱでは、甲に、Xに対する殺人未遂罪は成立しない。

3．Aの見解によれば、事例Ⅲでは、甲に、Xに対する殺人既遂罪が成立し得る。

4．Bの見解によれば、事例Ⅰでは、甲に、Xに対する殺人既遂罪が成立し得る。

5．Bの見解によれば、事例Ⅱでは、甲に、Xに対する殺人未遂罪は成立しない。

正解は3

憲法では、以下のように、ある見解の根拠として相応しい記述かどうか判断する出題形式も見られます。これも論理問題の一種です。

予備試験　令和3年　憲法第12問

　憲法第89条後段の「公の支配」の意義に関し、「国又は地方公共団体が、法令等により一定の監督をしていることで足りる」とする見解があるが、次のアからウまでの各記述について、かかる見解の根拠となる記述には○を、根拠とはならない記述には×を付した場合の組合せを、後記1から8までの中から選びなさい。

　　ア．「公の支配」を厳格に捉え過ぎると、公的援助の対象となっている私的な団体等の自主性を過度に損なうことになり、望ましくない。
　　イ．憲法第89条後段の趣旨は、財政民主主義の見地から、慈善、教育、博愛の事業に対する公金の支出が公の財産の濫費、濫用にならないように、国や地方公共団体が監督することにある。
　　ウ．憲法第89条後段が、慈善、教育、博愛を特に掲げ、それを同条前段の宗教団体に対する公金支出等の禁止と一体のものとして定めていることを重視すべきである。

1．ア○　イ○　ウ○　　2．ア○　イ○　ウ×　　3．ア○　イ×　ウ○
4．ア○　イ×　ウ×　　5．ア×　イ○　ウ○　　6．ア×　イ○　ウ×
7．ア×　イ×　ウ○　　8．ア×　イ×　ウ×

正解は 2

法律基本科目対策

　問題形式を掴んだところで具体的な対策方法を見ていきましょう。全科目に共通した対策方法を総論、科目ごとの対策方法を各論で紹介します。

■ 総論〜短答式試験全般に使える対策〜

　短答式試験においては、記述の正誤を問い、正確な法律知識を備えているのかを試す問題が多く出題されています。特に、

短答式試験でしか問われない独自の細かい知識（これを司法試験受験界では、「短答プロパー知識」と呼んでいます）を問う問題が多く出題されます。

そのため、**論文式試験と共通する基本的な知識**に加え、**短答プロパー知識**についてもしっかりとマスターしていく必要があります。

一方で、短答式試験では、論文式試験ほどの高度な思考力は要求されず、また、解答の形式もマークシート式なので、知識のインプットさえしっかりとできていれば、一定程度の得点を取ることができます。

ただし、少なからず論理操作を求める問題も出題されます。

また、人間の記憶力には限界がありますので、どうしても記述の正誤がわからない場合に、頭を使って判断しなければならないという場面にも遭遇します。

そのため、知識を中心として問う出題傾向だからといって、知識だけで押し切ろうとするのではなく、**インプットしなければならない知識の範囲をある程度絞り込んだ上で、後は過去問の繰り返し等で論理的思考力を養成することで得点を伸ばしていくという方法が**ベストです。

■ 各論〜科目ごとに特化した対策〜

科目ごとに少しずつ対策が異なってくるので、以下では、特にここは外せないという部分を解説します。憲法・民法・刑法については司法試験の短答式試験とも重なる重要な科目ですので丁寧に説明しています。

基本的な知識（基本書や予備校の教科書等で、太字等で強調

されている知識）がインプットされていること、過去問を解き、誤った問題は繰り返すことが全科目に共通する大前提です。

▶ 公法系

憲法

憲法の出題範囲は大きく分けて、①人権と②統治の２つです。

STEP 1

①②の対策として、まずは過去問を解きましょう。

STEP 2

①については、判例の細かい部分まで問われることが多いので、重要判例を対策する必要があります。重要判例とは何か？それは、STEP 1 で過去問を解いているうちに何回も出題されている判例です。解いているうちに、「あれ、またこの判例か。」と気付くはずです。想像より数は多くありません。他にも重要な判例はありますが、まずは、それら重要判例の概要や結論、キーワードとなる部分を意識して学習しましょう。そして、再び問題に当たることで、「この部分はそれっぽいことが書いてあるけど、実は違うことをいっているな。」とか「結論は同じだけど理由付けが異なるな。」と判断できるようになります。その作業の繰り返しです。

STEP 3

出題割合としては①の方が優先度は高いですが、②の方が得点を伸ばしやすいです。条文知識が比較的そのまま問われることが多いからです。そのため、②の対策はシンプルで、条文を読み込み、知識を整理することに尽きます。その際に、数字を意識することも大切です。例えば、「いづれかの議員の総議員の４分の１以上の要求があれば、内閣は、その召集を決定しなければならない」（53条）であれば「４分の１」の部分に注意するといった具合です。

行政法

条文を読み込み、様々な手続に関する理解を深め、正確な知識を得ておくことが重要です。特に手続ごとの違いを意識しましょう。条文自体の量は少ないので、条文を素読すると効果的です。

▶ 民事系

民法

　何よりも出題範囲が広く、バランスのよい学習が求められます。出題範囲は大きく分けて、①総則、②物権、③債権、④親族・相続です。体系的な理解が特に重要になってくるので、肢別に解くのもオススメです。

STEP 1

　まずは過去問を解きましょう。肢別に解く場合は、どの分野も均等になるように解き進めましょう。①を終えてから②に進んで……とやっていると、④に辿り着くまでに時間がかかり、定着度にバラつきが生じてしまいます。今日は、①から④まで 10 問ずつ、というように進めるのがオススメです。

STEP 2

　どういう考え方を使えば解けるのか？ということを意識しましょう。ある基本の考え方を習得すれば、それをそのまま適用して、あるいは少し応用して解ける場合があります。その基本となる考え方・知識が何か、共通して必要となる知識が何かということを常に意識しながら取り組むと効果的です。

STEP 3

　直前期に得点を伸ばしやすいのが④です。条文と照らし合わせつつ、よく問われる知識については自分なりに簡潔にまとめておくとよいでしょう。

商法

　出題範囲は①会社法、②商法総則・商行為、③手形・小切手ですが、7 割程度が会社法の問題なので①に注力しましょう。判例はほとんど問題とならず、条文知識が重要となります。かなり細かい部分についても問われますので、表にまとめたり、馴染みのない条文番号は繰り返し引いてみたりして、機関や手続について幅広い知識を身に付けましょう。

民事訴訟法

　民事手続の流れを意識しましょう。「これは○○の部分で問題になるな。」等と頭の中で問題を手続の流れに位置付けながら解くことで有機的な理解ができるようになります。民事訴訟法は手続的な知識が多く、単調で無味乾燥な学習になってしまいがちなので、自分の頭の中で一連の流れを想像し、体系的な知識を構築していく意識で演習しましょう。

▶ 刑事系

刑法

　刑法の出題範囲は大きく分けて、①刑法総論と②刑法各論です。刑法は過去問学習が得点に直結しやすい科目なので、過去問を完璧にするつもりで取り組みましょう。

STEP 1

　過去問を解く際に、特に、①は判例や学説、②は条文を意識しましょう。①部分については必要な知識はそこまで多くなく、一定の知識を備えることで応用が利くので得点が安定します。②部分は犯罪類型ごとに幅広い知識が必要となるので繰り返し演習しましょう。

STEP 2

　特殊な出題形式に対応しましょう。刑法は、他の科目とは異なり、論理問題や長文形式の問題が多いという特徴があります。そうした問題はどうしても読み解くのに時間がかかりますので、タイムマネジメントも含め訓練しておくことが必要です。また、学説の理解を問う問題が多いことも特徴です。学説ごとに基本的な考え方、結論の違いを把握し、それを実際の問題でも応用できるようにしておきましょう。

STEP 3

　刑罰・罪数論は何度解いても忘れやすい部分です。直前期に改めて総ざらいし点数をもぎ取りましょう。

刑事訴訟法

　一度集中的に勉強して、全体像を把握することが重要です。予備試験では法律実務基礎科目刑事や口述試験でかなり細かい刑事訴訟法知識が要求されることになります。これは短答式試験にも直結する内容ですが、初めに手続の全体像を俯瞰的に理解しましょう。全体像が把握できれば、枝葉の知識が頭に入りやすくなります。また、過去問を解く度に、条文を確認することを怠らないようにしましょう。

　上述の通り、短答式試験は知識の正確性を中心に問う試験です。

　これに対して、後述のように、論文式試験では知識の多寡を問うよりも、基本的な知識からの応用力を問うという傾向にあります。

　論文式試験で問われる知識と短答式試験で問われる知識の範囲では、後者が前者を包含する関係にあります。ここで注意していただきたいのは、だからといって短答式試験の学習を中心に据えようとすることは合格への遠回りになるということです。あくまで論文式試験が天王山ですから、論文式を勉強の幹にしましょう。論文式試験で必要とされる基礎的な知識を幹として、その後枝葉の知識として短答プロパー知識を頭に入れていくのです。短答の勉強は取っ掛かりやすく、勉強した気になれるので、ついつい論文を放っておいて短答の勉強ばかりするという状態に陥ることがあります。ですが、そこはぐっとこらえて論文中心のバランスのよい学習を継続するようにしましょう。そうすることで、自然と短答式試験の基礎的な部分については対応できるようになります。

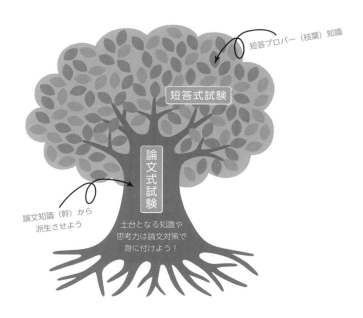

短答プロパー（枝葉）知識

短答式試験

論文式試験

論文知識（幹）から
派生させよう

土台となる知識や
思考力は論文対策で
身に付けよう！

一般教養科目の出題形式

> ▶ 事前知識を必要としない問題を見極める力を養おう
> ▶ 過去問を見て解答手順を想定しておこう（やりすぎ
> 　は NG ！）

　一般教養科目は、人文科学、社会科学、自然科学、英語から
の出題です。

　それぞれの分野における正確な知識が要求される問題もあり
ますが、事前知識が不要な問題も出題されています。一般教養
科目は、法律科目と異なり、40問程度の中から20問を選んで
解答すればよいので、事前知識不要の問題をうまく選んでいけ
ば、事前準備をしなくても、そこそこの点数が取れます。すな
わち、**どの問題を解けば得点を最大化できるかを見極める力が
重要**になってきます。一般教養科目の試験時間は、1時間30分
あり、問題数は20問ですから、約4分で1問解ければよく、2
分間で1問処理しなければならない法律科目に比べると時間的
な余裕は十分にあります。そこで、解けそうな問題をある程度
吟味することが肝になるのです。

　細かい対策についてはこの後説明しますが、大まかには以下
のような順番で取り組むとよいでしょう。

STEP 1：文章読解・論理問題 + 確実に解ける問題

→ STEP 2：英語（自信が無い人は飛ばす）

→ STEP 3：隠れ文章読解問題を探して解く

→ STEP 4：比較的得意な科目を粘り強く解く

Ex. 大河ドラマが好きな人は日本史、高校時代に物理選択だった人は物理

　それでは、少し問題を見てみましょう。これは解けそうだ、明らかに解けないな等と想像して本番のイメトレをしてみましょう！

■ 人文科学

　事前知識が不要な問題の例です。国語の問題ですので、冷静に考えれば、正解が２であることはわかると思います。

予備試験　平成 26 年　一般教養科目第 5 問

　以下の文章の空欄（ア）から（エ）までに当てはまる語句の組合せとして正しいものを、後記 1 から 5 までの中から選びなさい。

　日本語を教えていると、よく知っていたはずの母語について思わぬ発見をすることがある。例えば、助詞の「は」と「が」の使い分けである。「あれが、スカイツリーですよ。」と「あれは、スカイツリーですよ。」は、どう違うのか。ある人がスカイツリーを知らない人に教えているという点では、二文は一致している。しかしながら、「スカイツリーは、どれですか。」という質問に対して、「あれが、スカイツリーですよ。」は自然だが、「あれは、スカイツリーですよ。」という答えには、多少の違和感を覚える。ただ、この場合、「スカイツリーは、あれですよ。」と答えることはできる。なぜだろうか。日本語学習者用の辞書を見てみると、「は」と「が」の使い分けに関して、興味深い説明が載っている。どうやら、両者の使い分けには、話し手と聞き手の双方にとっての情報の新旧が関係しているようだ。すなわち、「スカイツリーは、どれですか。」という質問に対して、「あれが、スカイツリーですよ。」と答えることができるのは、「スカイツリー」が（ア）だからである。「スカイツリーは、あれですよ。」と答えることができるのも、同じ理由による。一方、「あれは、スカイツ

リーですよ。」という答えを導く質問は、「あれは、何ですか。」である。
この場合は、「あれ」は（イ）であり、「スカイツリー」は（ウ）である。
この規則に従えば、「どれが、スカイツリーですか。」という文において、「ど
れは」と表現しない理由が説明できる。「どれ」「誰」「いつ」などの疑問
詞に接続するのは、常に「が」であって、「は」ではない。なぜなら、「が」
は（エ）を意味しているからである。こう考えていくと、昔話の冒頭文が、
「あるところに、おじいさんとおばあさんがいました。」となっている理
由も納得できる。

1．ア 新情報　イ 旧情報　ウ 新情報　エ 旧情報
2．ア 旧情報　イ 旧情報　ウ 新情報　エ 新情報
3．ア 新情報　イ 新情報　ウ 旧情報　エ 旧情報
4．ア 旧情報　イ 新情報　ウ 旧情報　エ 新情報
5．ア 旧情報　イ 新情報　ウ 新情報　エ 旧情報

正解は 2

　次は、民俗学に関する問題です。方言周圏論というややマイ
ナーな知識に関する出題なのですが、実は、以下の下線部の意
味が理解できれば、近畿地方から遠い場所を順に指摘すればよ
いことがわかると思います。すなわち、これは文章読解の問題
です。
　その意味で、この問題も事前知識が不要な問題です。

予備試験　平成26年　一般教養科目第6問

　民俗学者の柳田国男は、方言研究の上でも大きな足跡を残している。柳田
はカタツムリを意味する言葉に幾つかのバリエーションがあることを知り、
それらの言葉が日本全土でどのように分布しているかを詳細に調査した。そ
の結果、近畿地方では「デデムシ」、中部地方や四国の一部では「マイマイ」、
関東地方や四国の一部では「カタツムリ」、南東北と九州の一部では「ツブ
リ」、北東北と九州西部では「ナメクジ」と呼ばれていることを突き止めた。
これらの言葉を日本地図の上に配置すると、近畿地方を中心に、同じ呼び方
が同心円状に広がっていることがわかる。柳田は、これを「方言周圏論」と
名付け、1930年に『蝸牛考』という本にまとめて出版した。ちなみに、「蝸牛」
とは、カタツムリのことである。柳田によれば、<u>新しい言葉は文化の中心で</u>

発生し、その後、古い言葉を次々と周縁へ押し出していく。まるで、水面に小石を投げたように、新旧の言葉の輪が広がっているわけだ。民俗学者として、柳田が諸国の民間伝承の研究を重んじた理由もここにある。

　柳田の説に立脚すると、カタツムリを意味する言葉は、京都ではどのように変化したと推測されるか、古い順に並べたものとして正しいものを、次の1から5までの中から選びなさい。

1．ナメクジ → ツブリ → マイマイ → デデムシ → カタツムリ
2．デデムシ → マイマイ → カタツムリ → ツブリ → ナメクジ
3．マイマイ → カタツムリ → ツブリ → ナメクジ → デデムシ
4．ナメクジ → ツブリ → カタツムリ → マイマイ → デデムシ
5．カタツムリ → デデムシ → ナメクジ → マイマイ → ツブリ

正解は 4

　また、人文科学では、論理問題も出題されます。これも、順を追って考えれば、4が正解だとわかるかと思います。

　考え方は以下の通りです。

　「幕の内弁当またはサンドウィッチが出る」とは、すなわち、「幕の内弁当またはサンドウィッチ、またはその両方が出る」ことを意味します。4の選択肢は、「サンドウィッチが出ない」ため、「幕の内弁当が出る」といえます。さらに、「幕の内弁当が出るならば、お茶が出る」のであるから、「お茶が出る」ことがいえます。

予備試験　令和3年　一般教養科目第18問

　今日のお昼ご飯について、「幕の内弁当またはサンドウィッチが出る」ということが既に言える。このとき、結論（下線部）を導き出す以下の推論のうち正しいものを、次の1から5までの中から選びなさい。ただし、ここで言う「または」は論理学でいうところの選言、「および」は連言、「ならば」は条件法である。

1．さらに、「幕の内弁当およびお茶が出る」ことが言えるのであれば、「サンドウィッチが出ない」ことが言える。
2．さらに、「幕の内弁当またはお茶が出る」ことが言えるのであれば、「サ

ンドウィッチが出ない」ことが言える。

3．さらに、「サンドウィッチが出るならば、お茶が出る」こと、そして「お茶が出る」ことが言えるのであれば、「サンドウィッチが出る」ことが言える。

4．さらに、「幕の内弁当が出るならば、お茶が出る」こと、そして「サンドウィッチが出ない」ことが言えるのであれば、「お茶が出る」ことが言える。

5．さらに、「幕の内弁当またはお茶が出る」こと、そして「お茶が出る」ことが言えるのであれば、「サンドウィッチが出る」ことが言える。

正解は 4

■ 社会科学

社会科学でも、事前知識が必要な問題は、非常に難易度が高いものになります。

一方、やはり事前知識が不要な問題も出題されています。次の問題は、経済学から「コースの定理」という専門的な概念に関する理解が問われていますが、その内容については問題文に説明があるので、「コースの定理」について事前に勉強していなくても、解答できるはずです。

予備試験　平成 26 年　一般教養科目第 18 問

権利概念と最適な経済活動の両立は、公害を想起すればわかるように、必ずしも容易なことではない。

経済主体として甲と乙がいて、甲の経済活動が乙の生活の質を間接的に悪化させているとする。また、その経済活動の水準が高いほど、甲はより大きな便益を受け、乙はより大きな損害を被るとする。

経済学の余剰分析では、甲の経済活動の水準について、その経済活動がもたらす社会的純便益が最大となるときの水準を効率的と定義する。すなわち、甲の経済活動によって甲が享受する便益Xと、乙が被る損害Yとを通算し、社会的純便益X－Yが最大となる経済活動水準が効率的となる。

ただし、その効率的水準を実現したところで、乙の権利が依然侵害されたままのこともあれば、甲の経済活動の自由が制限されていることもあり得る。

これらの権利と経済活動の効率的水準との関係を、主に経済学的観点から

論じたのが「コースの定理」である。これに関する記述として誤っているものを、次の1から5までの中から選びなさい。

1. 経済活動水準を自由に決定する権利が全面的に甲にあったとしても、甲と乙との間で補償について交渉がなされれば、交渉の結果として効率的な経済活動水準が実現する。

2. 補償を受ける主体が複数いて、交渉結果に「ただ乗り」することが可能な場合には、適切な補償をすることができず、経済活動の水準は効率的にならない。

3. 甲と乙との間で補償について交渉がなされる前提として、甲の経済活動を制限する権利が乙にあれば、交渉後の経済活動水準は効率的となる。

4. 甲と乙との間の交渉の費用が小さく、XやYについての情報が双方に明らかであると、交渉は妥結せず、経済活動の水準は効率的にならない。

5. 経済活動を制限する権利が認められた場合に資産効果が発生するのであれば、交渉後の経済活動水準はその権利が認められるかどうかによって異なる。

正解は 4

　試しに考えてみますと、要するに、「コースの定理」はX－Yが最大になることを効率的だといっているわけです。交渉によって甲が乙に補償をしなければならないこととなれば、甲にとって損害Yは自分の損害と同じですから、甲はなるべく損害Yを最小限に抑え、X－Yが最大となるように活動するはずです。したがって、1は正しい記述です。

　一方、記述4を見てください。「甲と乙との間の交渉の費用が小さく、XやYについての情報が双方に明らかであると、交渉は妥結せず」とありますが、常識的に考えても、交渉費用が少なく情報格差がない場合には、その分互いに正確な判断ができ、交渉は成立しやすいはずです。事実、「コースの定理」においても、この2つの前提が満たされると効率性が保たれると考えられていますので、この記述が誤りだとわかります。

■ 自然科学

　自然科学の分野では、数学、物理、化学、生物といった分野から出題されています。

　したがって、理系の方であれば、ある程度対応できると思います。

　例えば、以下のような物理学の問題が出題されており、高校生の頃に物理を学習していた方であれば（覚えていれば、ですが）解答できるかもしれません。

予備試験　令和３年　一般教養科目第 32 問

　ベルトコンベアのベルト上に物体を静かに乗せ、ベルトを水平に動かしたところ、静止していた物体は動き出し、そのまま水平に動き続けた。しばらくしてベルトを静止させると、ベルト上の物体もやがて静止した。物体が動き出してから静止するまでの間にベルトが物体に及ぼす力のした合計の仕事 W についての記述として正しいものを、次の１から５までの中から選びなさい。ただし、物体はベルト上で回転しないものとし、空気の影響は無視できるものとする。

　１．W ＝ 0 である。
　２．W ＞ 0 である。
　３．W ＜ 0 である。
　４．W ＞ 0 である場合も、W ＝ 0 である場合もある。
　５．W ＜ 0 である場合も、W ＝ 0 である場合もある。

正解は　1

　また、問題によっては、事前知識がなくても解けるものがあるのは、自然科学も同様です。以下の問題は、生物学からの出題ですが、生物の知識が不要であることがわかると思います。

　一見すると生物の問題であるからといって避けてしまうことは勿体ないです。冷静に問題文を読み、解けそうな問題かどうか検討することを怠らないようにしましょう。

被子植物の花は、基本的に、がく片、花弁、おしべ及びめしべが、順に、外側から内側に同心円状に配置されている。花を構成するこれらの器官の形成には、A、B及びCのホメオティック遺伝子が関わる。Aが単独で発現すると、がく片が形成され、AとBの両方が発現すると花弁が形成される。また、BとCの両方が発現するとおしべが形成され、Cが単独で発現するとめしべが形成される。なお、AとCは互いに発現を抑制しており、片方の発現が無くなると、その発現領域までもう片方の発現領域が広がる。以上を前提としたとき、Cの機能が欠損した花を構成する器官の組合せとして最も適切なものを、次の1から5までの中から選びなさい。

1. めしべ、おしべ
2. めしべ、花弁
3. おしべ、花弁
4. がく片、めしべ
5. がく片、花弁

正解は 5

■ 英語

英語の問題は、著作権の関係で引用できませんが、大学受験等で学習してきた方や TOEIC 等の勉強をしている方であれば、選択するとよいでしょう。

一般教養科目対策

一般教養科目は、ここまで見てきた通り、人文科学、社会科学、自然科学及び英語が出題範囲となっています。どの範囲の問題も難易度が高く、付け焼き刃的な対策では歯が立ちません。例えば、自然科学の中には、物理が含まれますが、理系出身で高校生の頃に物理を選択していた方であれば、何とか対応できるといったレベルの問題が出題されます。その上、範囲が広く、司法試験では出題されない分野です。

そのため、**多くの受験生がほとんど何も対策をせずに試験に**

臨みます。

　そこで、ほとんど事前の対策をせずに、**一般教養科目の平均点である24点程度（60点満点）を目指す**というのが、多くの受験生にとっての現実的な目標になります。ちなみに、合格点が170点の場合、24点を一般教養科目で稼げるとすると、残り146点（約7割）を法律基本科目で得点すればよいということになります。これはそこまで難しい話ではありません。

　では、その24点を稼ぎだすためにどうすればいいのか、ということになります。先ほど簡単に4つのSTEPを示しましたが、優先順位が大切です。まず、日本語の文章読解や論理問題は事前知識が不要で、日本語で書かれているため正解できる可能性が極めて高いです。そのためこれらの問題をまず解きましょう。

　そして、次に大学生や法科大学院生は受験時に英語を勉強していた方が多く、記憶も新しいと思われますので、英語に取り掛かるのがオススメです。ただし、英語が苦手な方はスルーしましょう。

　他にも、**実は事前知識が無くても、時間さえかければ解ける問題が数問出題されています。隠れ文章読解問題ですね。それらの問題は、多少処理に時間がかかってもいいので、確実に正解できるようにしましょう。**過去問だけで構いませんので、それらの問題を解いて、訓練を積んでおいてください。

　もちろん、日本史や物理など、その他の科目ができるのであれば、そこから点数をもぎ取るという戦略でも構いません。

　自分なりの戦略を確立しておくのがよいでしょう。

　ちなみに、**予備試験の短答式試験には、いわゆる「足切り」がありません。**そのため、仮に一般教養科目で10点前後しか取れなかったとしても、法律科目で＋10点、15点稼げば合格点に達することが可能です。一般教養科目は「点数が取れればラッキー」くらいに気楽に考え、法律基本科目で8割、9割の得点を目指していきましょう。短答式試験対策で身に付けた細かい

知識が論文式試験で役立つこともありますので、論文式試験対策にならない一般教養科目の対策を講じるよりも、合理的です。

論文式試験

論文式試験の出題形式

- ▶ 長文の問題文を読んで、法律論文を書く試験
- ▶ 六法を参照できる
- ▶ Yes/No 方式では答えられない特殊かつ高度な試験

　論文式試験という出題形式には、なかなか馴染みがないと思いますが、長文の問題文を読んだ上で、2,000字程度の論述により、解答するものです。

　これについては、百聞は一見に如かずということで、実際に予備試験で出題された問題を見てみましょう。最初はわからなくて当たり前ですから、イメージを掴むことができれば十分です。

次の文章を読んで、後記の〔設問1〕及び〔設問2〕に答えなさい。

1．甲株式会社（以下「甲社」という。）は、農産物加工品の通信販売を業とする取締役会設置会社であり、監査役設置会社である。甲社は種類株式発行会社ではなく、甲社の定款には、譲渡による株式の取得について取締役会の承認を要する旨の定めがある。甲社の発行済株式の総数は5000株であり、そのうち、Aが2000株を、Bが400株を、Cが1000株を、Dが1600株をそれぞれ保有している。

　　甲社の取締役はA、B及びEの3名であり、Aが代表取締役である。また、監査役にはFが就任している。Dは、かつて甲社の取締役であったが、数年前に甲社の経営方針をめぐってAと対立し、その際、CがAの側についたことから、甲社の取締役に再任されず、その後も取締役に選任されることはなかった。AとDの対立は現在まで続いている。

2．甲社は、かねてより商品を保管する倉庫を建設するための用地を探していたところ、Cが保有している土地（以下「本件土地」という。）が倉庫建設に適していることが判明した。AはCとの間で、本件土地の売買交渉を進め、もう少しで契約が成立するというところまでこぎつけた。

　　ところが、不動産業者から倉庫建設に適した別の土地の情報がもたらされた。その情報を受け、甲社の取締役会において審議したところ、本件土地に倉庫を建設するより不動産業者から提案された土地に倉庫を建設した方が円滑に商品を出荷することが可能となることから、本件土地の買取りを見送るとの結論に達した。

3．上記のような取締役会での決定を受け、AがCのもとに赴き、本件土地を買い取ることができなくなったことを説明したところ、Cは納得しなかった。AはCの説得を続けたが、Cは聞き入れず、ついに本件土地の買取りができないなら今後の対応についてDに相談すると言い出した。CとDが協調して行動することを恐れたAは、本件土地の買取りを再検討する旨をCに告げてCのもとを去った。

4．甲社の取締役会では、Aからの報告を受け、Cから本件土地を買い取ることとし、さらに、準備されていた本件土地に関する資料をもとに買取価格を検討し、2億円で本件土地を買い取ることをA、B及びEの賛成によって決定した（以下「本件取締役会決議」という。）。本件土地に関する資料によれば、本件土地の適正価格は2億円であった。

5．Aが、すぐさまCに甲社の本件取締役会決議の内容を知らせてCと

再度交渉したところ、Cは本件土地を２億円で売却することを承諾し、本件土地の売買契約が成立した（以下「本件取引」という。）。

6. この頃、甲社の完全子会社である乙株式会社（以下「乙社」という。）の取締役が任期中に死亡したため、乙社の取締役に欠員が生じた。乙社の代表取締役を兼任するAは、Fを乙社の取締役にすることとし、乙社においてFを取締役に選任する手続を採るとともに、Fに対して乙社の取締役に就任するよう要請した。それを受け、FはAに乙社の取締役に就任すると返答した。

7. 本件取引のことを聞きつけたDは、本件土地より倉庫に適した土地があったにもかかわらず本件取引をしたことは、Cが甲社の株主であるために特別に優遇したものであり、不適切であると考え、友人の弁護士に対し、A、B及びE並びにC（以下「Aら」という。）が、本件取引に関して甲社に対して何らかの責任を負わないか検討してほしいと依頼した。

8. 弁護士のアドバイスを受けたDは、Aらに対して責任追及等の訴えを提起することとし、Fに対して、甲社としてAらに対して訴訟を提起するよう請求した（以下「本件提訴請求」という。）。本件提訴請求から６０日以内に甲社がAらに対して訴訟を提起しなかったことから、Dは、甲社のためにAらに対する責任追及等の訴え（以下「本件訴え」という。）を提起した。

〔設問１〕

本件訴えにおいて、Dの立場において考えられる主張及びその当否について、論じなさい。

〔設問２〕

本件訴えの被告であるAらは、本件提訴請求は適法とはいえず、本件訴えは違法であると主張している。本件訴えは適法か、Aらの主張を踏まえて論じなさい。

　法律実務基礎科目の問題や、予備試験合格後の司法試験の問題になるとさらに長文の事例問題が出題されます。
　試しに法律実務基礎科目刑事の問題文も見てみましょう！

次の【事例】を読んで、後記〔設問〕に答えなさい。

【事例】
1　Ａ（３５歳、男性）は、令和２年１月１８日、「被疑者は、令和２年
１月９日午前１時頃、Ｈ県Ｉ市Ｊ町１番地Ｋ駐車場において、同所に
駐輪中のＶ所有の大型自動二輪車１台の座席シート上にガソリンをか
け、マッチを使用してこれに火を放ち、その火を同車に燃え移らせて
これを全焼させ、そのまま放置すれば隣接する住宅に延焼するおそれ
のある危険な状態を発生させ、もって公共の危険を生じさせた。」旨の
建造物等以外放火の被疑事実（以下「本件被疑事実」という。）で通常
逮捕され、同月２０日、Ｉ地方検察庁の検察官に送致された。
　　送致記録にある主な証拠の概要は以下のとおりである（以下、特に
年を明示していない日付は全て令和２年である。）。
①　１月９日付け捜査報告書
　　目撃者Ｗ（２７歳、女性）から１月９日午前１時３分に１１９番
通報が寄せられた旨が記載されている。
②　１月９日付けＷの警察官面前の供述録取書
　　「この日、仕事が遅く終わった私は、会社を出て少し歩き、通勤に
使っている車を止めているＫ駐車場の中に入った。すると、駐輪ス
ペースに止めてある３台のバイクのうち、真ん中のバイクの脇に男
が１人立っているのに気付いた。何をしているのだろうと思い、立
ち止まってその男を見ていると、男は、左肘に提げていた白いレジ
袋からペットボトルを取り出し、中に入った液体をそのバイクの座
席シート上に振りかけ、そのペットボトルを再びレジ袋に仕舞った。
そして、男は、そのレジ袋からマッチ箱を取り出し、その中に入っ
ていたマッチ１本を擦って火をつけ、これを座席シート上に放り投
げた。その火は瞬く間に座席シート全体に広がった。男は、火が燃
え上がる様子を少しの間見ていたが、私に見られているのに気付く
と、慌てて走り出し、そのまま私とすれ違い、Ｋ駐車場を西側出入
口から出て南の方向へ逃げていった。私が１１９番通報をしたのは
その直後である。私が見ていた場所は、男が火をつけていた場所か
ら約７メートル離れていたが、付近に街灯があり、駐車場の敷地内
にも照明があったので明るく、視界を遮るものもなかった。男は、
胸元に白色で『Ｌ』と書かれた黒っぽい色のパーカーを着て、黒っ

ぽい色のスラックスを履いていた。私が男の顔を見たのは、まず、男がバイクに火を放った直後に、男がその火を見ていた時である。ただ、この時の男はうつむき加減だったので、その顔がはっきりと見えたわけではない。しかし、私が見ているのに男が気付いた時、男がその顔を上げ、男と視線が合ったので、私は、この時点ではっきりと男の顔を見ることができた。私は、放火犯人の顔をよく見ておかなければならないと思ったし、すれ違い様には男の顔を間近で見ることができたので、男の顔の特徴はしっかりと覚えている。男は、３０歳代くらいの小太りで、私より身長が高く、１７０センチメートルくらいあった。顔の特徴は、短めの黒髪で、眉毛が太く、垂れ目だった。なお、当時、犯人も私も顔にマスクは着けておらず、眼鏡も掛けていなかった。」

③　１月９日付けＶ（４０歳、男性）の警察官面前の供述録取書

「放火されたバイクは私が半年前に２００万円で購入し、通勤に使用しているものである。私は、自宅アパートから徒歩５分の所にあるＫ駐車場にこのバイクを駐輪していた。本日午前１時３０分頃、Ｋ駐車場の管理者から電話がかかってきて、私のバイクが放火されたことを知り、急いで現場に駆けつけた。私には放火されるような心当たりは全くない。」

④　１月９日付け実況見分調書

同日午前２時３０分から同日午前３時３０分までの間に実施されたＶ及びＷ立会に係る実況見分の内容が記載され、別紙見取図が添付されている。

現場であるＫ駐車場は、月ぎめ駐車場兼駐輪場であり、同敷地及びその周辺の状況は別紙見取図のとおりである。Ｋ駐車場西側市道の駐車場出入口付近に街灯が１本設置され、同駐車場敷地内に照明が４本設置されている。被害車両の両隣にはそれぞれ大型自動二輪車が１台ずつ駐輪されており、被害車両の火が消し止められなかった場合には、その両隣の車両に燃え移る危険があり、風向きによっては、現場に止められた他の普通乗用自動車４台や隣接する一戸建て家屋にも延焼するおそれがあった。被害車両は大型自動二輪車で、車体全体が焼損しており、特に車両中央部の座席シートの焼損が激しい。

また、Ｗが犯行を目撃した地点（別紙見取図のⓦ）と、犯人が火をつけていた地点（同ⓧ）との距離は６．８メートルであり、ⓦ地点とⓧ地点の間に視界を遮る物は存在せず、ⓦ地点に立ったＷが、ⓧ

地点に立たせた身長１７０センチメートルの警察官の顔を識別することができた。

⑤　１月９日付け捜査報告書

　　Ｋ駐車場があるＨ県Ｉ市Ｊ町の同日午前０時から同日午前４時までの天候は晴れであった旨の捜査結果が記載されている。

⑥　１月１４日付け鑑定書

　　被害車両の焼け焦げた座席シートの燃え残りからガソリン成分が検出された旨の鑑定結果が記載されている。

⑦　１月１５日付け捜査報告書

　　「現場から南側に約１００メートル離れた場所付近の防犯カメラに録画された映像を解析した結果、１月９日午前０時５５分頃、現場方向から進行してきた普通乗用自動車が道路脇に停止し、運転席から、白いレジ袋を左手に持ち、胸元に『Ｌ』の白い文字が入った黒っぽい色のパーカーを着て、黒っぽい色のスラックスを履いた人物が降り、現場方向に歩いていく様子が確認され、同日午前１時３分頃、同一人物が、白いレジ袋を左手に持ちながら、現場方向から走って戻ってきて、同車に乗り込んで発進させ、現場と反対方向に走り去る様子が確認された。また、同車のナンバーから、その所有者及び使用者がＡであることが判明した。」旨が記載されている。

⑧　１月１６日付け写真台帳

　　短めの黒髪で眼鏡を掛けていない３０歳代の男性２０名の顔写真が貼付されている。写真番号１３番がＡであり、その容貌は眉毛が太く、垂れ目である。

⑨　１月１６日付けＷの警察官面前の供述録取書

　　（警察官が、Ｗに対し、「この中に見覚えがある人がいるかもしれないし、いないかもしれない。」旨告知し、⑧の写真台帳を見せたところ）「写真番号１３番の男性が、私が目撃した犯人の男に間違いない。眉毛が太くて垂れ目なところがそっくりである。私は、この男と面識はない。」

⑩　１月１７日付けＶの警察官面前の供述録取書

　　「刑事からＡの顔写真を見せられたが、昨年１１月までうちの会社にいた元部下である。彼に恨まれるような心当たりはない。」

⑪　１月１８日付けＡ方の捜索差押調書

　　同日、Ａ立会いの下、Ａ方を捜索したところ、胸元に白色で「Ｌ」と書かれた黒地のパーカー１着、紺色のスラックス１着及び携帯電話機１台が発見されたので、これらを差し押さえて押収した旨が記

載されている。

⑫　１月１８日付けＡの警察官面前の弁解録取書

「被疑事実は、全く身に覚えがない。１月９日午前１時頃は１人で自宅にいた。」

⑬　１月１９日付けＡの警察官面前の供述録取書

「私は、自宅で一人暮らしをしている。酒気帯び運転の罰金前科が１犯ある。婚姻歴はない。昨年１１月まではバイク販売の営業の仕事をしていたが、勤務先での人間関係が嫌になったので退社し、昨年１２月から今の会社で自動車販売の営業の仕事をしている。平日は午前９時から午後５時まで、会社で事務仕事をしたり、営業先を回ったりしている。自宅から車で１０分の所に両親が住む実家がある。父は７０歳、母は６５歳であり、二人とも無職で、毎日実家にいる。私は貯金がほとんどなく、両親も収入は年金だけであるため、生活は楽ではない。私の身長は１６９センチメートル、体重は８０キログラムである。私も両親も、これまで健康を害したことはない。」

2　検察官は、Ａの弁解録取手続を行い、以下の弁解録取書を作成した。

⑭　１月２０日付けＡの検察官面前の弁解録取書

⑫記載の内容と同旨。

3　同日、検察官がＡにつき本件被疑事実で勾留請求をしたところ、Ａは、勾留質問において、「本件被疑事実について身に覚えがない。」と供述した。

同日、裁判官は、刑事訴訟法第２０７条第１項本文、第６０条第１項第２号及び第３号に当たるとして、本件被疑事実でＡを勾留した。

同日、Ａに国選弁護人（以下、単に「弁護人」という。）が選任された。

4　弁護人は、同日中に、勾留されているＡと接見した。その際、Ａは、弁護人に対し、⑬記載の内容と同旨のことに加え、逮捕当日にＡ方が捜索されて、パーカー、スラックス及び携帯電話機が押収されたことを告げたほか、「自分は放火などしていない。１月９日午前１時頃は家にいた。不当な勾留だ。両親や勤務先の上司に、自分が無実の罪で捕まっていると伝えてほしい。」と述べた。

弁護人は、１月２２日、Ａの勾留を不服として裁判所に準抗告を申し立て、⑦その申立書に以下の疎明資料ⓐ及びⓑを添付した。

ⓐ　Ａの両親の誓約書

「Ａを私たちの自宅で生活させ、私たちが責任をもってＡを監督します。また、Ａに事件関係者と一切接触させないことを誓約します。」

ⓑ　Ａの勤務先上司の陳述書（同人の名刺が添付されているもの）

「Aは当社の業務の遂行に不可欠な人材です。Aがいないと、Aが
取ってきた商談が潰れてしまいます。Aには早く職場に復帰しても
らい、継続的に働いてもらいたいです。」

　これに対し、裁判所は、同日、①弁護人の準抗告を棄却した。

5　その後、検察官は所要の捜査を行い、以下の証拠等を収集した。なお、
　Aは黙秘に転じたため、Aの供述録取書は一切作成されなかった。

　⑮　2月3日付け捜査報告書

　　　1月14日実施のWの健康診断結果記載書の写しが添付されてお
　　り、同記載書には、Wの視力は左右とも裸眼で1.2であり、色覚異
　　常も認められない旨が記載されている。

　⑯　2月3日付けWの検察官面前の供述録取書

　　　②及び⑨記載の内容と同旨。

6　検察官は、②V所有の大型自動二輪車に放火したのはAである旨の
　W供述は信用できると判断し、勾留期限までに、Aについて、I地方
　裁判所に本件被疑事実と同一内容の公訴事実で公訴を提起した。

7　第1回公判期日において、A及び弁護人は、Aは犯人ではなく無罪
　である旨主張した。

　弁護人は、検察官が犯行目撃状況を立証するために取調べを請求し
　た④及び⑯の証拠について、「④については、別紙見取図を含め、Wに
　よる現場指示説明部分を不同意とし、その余の部分は同意する。⑯は
　全部不同意とする。」との意見を述べ、裁判所は、④に関し、弁護人の
　同意があった部分を取り調べた。引き続き、検察官はWの証人尋問を
　請求し、同証人尋問が第2回公判期日に実施されることになった。

8　検察官は、第2回公判期日前、Wと打合せを行った。その際、Wは、
　検察官から各種の証人保護制度について教示を受けた後、「Aは人のバ
　イクに放火するような人間なので、復しゅうが怖い。Aに見られてい
　たら証言できない。それに、私は人前で話すのも余り得意ではないの
　で、傍聴人にも見られたくない。I地方裁判所に出頭して証言するこ
　と自体は構わないが、ビデオリンク方式にした上で、遮へい措置を採っ
　てもらいたい。」と申し出た。検察官は、④その申出を踏まえ、AとW
　との間の遮へい措置のみを採るのが相当である旨考え、Wと協議した
　上で、裁判所に対してその旨の申立てをし、裁判所は、AとWとの間
　の遮へい措置を採る決定をした。

9　第2回公判期日におけるWの証人尋問の主尋問において、WがAの
　犯行を目撃した際のAとWの位置関係を供述した後、検察官が、その
　位置関係の供述を明確にするため、裁判長に対し、④の実況見分調書

添付の別紙見取図の写しをWに示して尋問することの許可を求めたところ、㋔裁判長は、検察官に対し、「見取図から、立会人の現場指示に基づいて記入された記号などは消されていますか。」と尋ね、釈明を求めた。これに対し、検察官が「消してあります。」と釈明したため、裁判長は、前記写し（ただし、⊗及び⊛の各記号を消したもの）をWに示して尋問することを許可した。

〔設問1〕

1 下線部㋐に関し、準抗告申立書に疎明資料ⓐ及びⓑを添付すべきと判断した弁護人の思考過程について、具体的事実を指摘しつつ答えなさい。

2 下線部㋑に関し、弁護人の準抗告を棄却すべきと判断した裁判所の思考過程について、具体的事実を指摘しつつ答えなさい。ただし、罪を犯したことを疑うに足りる相当な理由の有無については言及する必要はない。

〔設問2〕

下線部㋒に関し、W供述の信用性が認められると判断した検察官の思考過程について、具体的事実を指摘しつつ答えなさい。なお、証拠①、③から⑧（ただし、④のうち、Wによる現場指示説明部分を除く。）、⑩、⑪、⑬及び⑮に記載された内容については、信用性が認められることを前提とする。

〔設問3〕

下線部㋓に関し、AとWとの間の遮へい措置のみを採るのが相当と判断した検察官の思考過程について、刑事訴訟法の条文上の根拠に言及しつつ答えなさい。

〔設問4〕

裁判長が検察官に下線部㋔の釈明を求めた理由について、証人尋問に関する規制及びその趣旨に言及しつつ答えなさい。

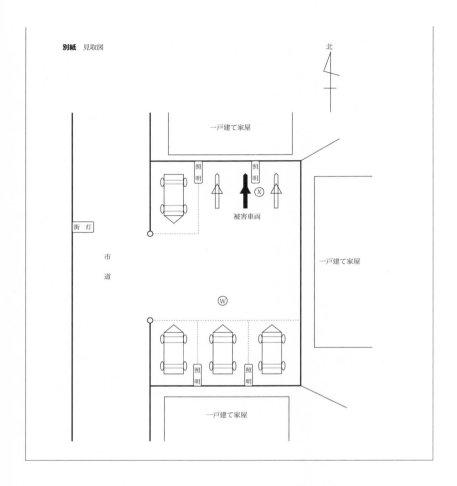

別紙 見取図

ここまでが問題文です。「何これ、長すぎる。読むだけで試験終わっちゃうよ。」と思いますよね。安心してください。最初は皆さんその状態から始まります。以下に解答例も掲載しておきます。皆さんの予備試験におけるゴールはここです。このゴールを目指して着実に努力を積み重ねれば、このような解答例も書けるようになります。これからその方法を見ていきましょう。

◀模範解答▶

第1　設問1小問1（以下、刑事訴訟法につき法令名省略）
1　Aは、207条1項本文・60条1項2号及び3号に当たるとして勾
　留されているため、弁護人としては、これらに該当しないことを疎明す
　べく疎明資料ⓐを添付したといえる。
　　すなわち、疎明資料ⓐは、Aを両親の自宅で生活させ両親の監督に服
　させることを通じて、「逃亡し又は逃亡すると疑うに足りる相当な理由」
　（同項3号）がない旨疎明しようとしたといえる。また、このような両
　親の監督を通じてAを事件関係者に接触させないことを誓約させること
　で、関係者の供述を変えさせるといった罪証隠滅行為を防止できるとし
　て「罪証を隠滅すると疑うに足りる相当な理由」（同項2号）がない旨
　疎明しようとしたといえる。
2　また、勾留には勾留の必要性が必要である（207条1項本文・87
　条）。そして、Aが会社の業務上不可欠な人材であり、Aを勾留するこ
　とでAの勤務先に不利益が生じることを疎明資料ⓑにより基礎付けて、
　勾留の必要性がないことを疎明しようとしたといえる。
第2　設問1小問2
1　Aは一人暮らしであり、しかも被疑事実は懲役刑もあり得る建造物等
　以外放火罪であるから、Aに逃亡するおそれが認められるとの判断が不
　当とはいえない。また、AとWとは面識がないものの、Wは事件現場の
　K駐車場を使っているのであり、AがK駐車場で待ち伏せをしてWに接
　触することでその供述を変えさせたりするといった罪証隠滅に及ぶこと
　も十分に考えられる。しかも、Aは否認しており、有罪となることを免

れるべく罪証隠滅行為に及ぶ主観的可能性も認められる。したがって、
罪証隠滅のおそれがあるとの判断が不当であるともいえない。
　　確かに、疎明資料ⓐによりAの両親による監督が誓約されているが、
　両親が70歳及び65歳と高齢なのに対し、Aは35歳と若い上に体格
　も良いのであるから、両親の制止を振り切って逃亡したりW等の関係者
　に接触して供述を変えさせるという罪証隠滅行為に及んだりすることも
　十分に考えられる。
　　よって、勾留の理由があるとした判断が不当とはいえないといえる。
2　また、勾留の必要性は被告人を勾留することによる利益とこれにより
　被告人が被る不利益とを比較衡量して判断されるが、疎明資料ⓑはAの
　勤務先が被る不利益を示すものにすぎず、Aの被る不利益を示すもので
　はない。しかも、入社後わずか1か月のAが勤務先の業務遂行に不可欠
　なほどの地位にあるとは考え難く、やはり勾留の必要性を否定し難い。
3　よって、裁判官は、勾留決定に違法はないと考えて、準抗告を棄却し
　たと考えられる。
第3　設問2
1　Wは、Aと面識がなく、あえて虚偽の供述をする動機はない。
2　次に、Wが犯人を目撃したのは深夜であるが、K駐車場及びその付近
　には街灯があって明るい状況であった。また、Wと犯人との間は当初7
　メートル程度離れていたが、その間に遮るものはない上、Wの視力は左
　右ともに裸眼で1.2と非常に良い。さらには、Wが犯人とすれ違い様
　にその顔を間近で見ており、しかも放火犯人をよく見ておかなければな

らないと意識的に視認していた。これらの各状況からは、Wによる犯人目撃供述には信用性が認められる。

3　さらに、Wは、事件からわずか１週間後の記憶がまだ鮮明な時点で、２０名の顔写真の中からＡの写真を選んで目撃した犯人に間違いない旨を述べており、犯人をＡであると識別したWの供述には信用性がある。

4　そして、Ａの自宅からは、Wが目撃したとおりの服装に合致する胸元に白色でＬと書かれた黒いパーカー等が発見されているし、身長１６９センチメートル、体重８０キログラムというＡの体格も、Wが供述した身長１７０センチメートル程度で小太りという犯人の体格と合致している。このように、Wの供述は、客観的事実と整合するものでもある。

5　以上より、放火をしたのはＡである旨のW供述には信用性が認められると判断したと考えられる。

第４　設問３

1　ビデオリンク方式による尋問を行うには、証人が１５７条の６第１項各号の者であることを要する。

　ところが、本件は建造物等以外放火罪の公訴事実であって、Wは同１号及び同２号所定の被害者ではない。

　また、Wは、Ａと面識はなく、しかも直接Ａからの被害を受けたわけではない。そうだとすれば、２７歳の成人であるWは、Ａと同じ空間にいること自体をもって「圧迫を受け精神の平穏を著しく害されるおそれがある」とはいえないから、３号の者にも該当しない。

　そのため、検察官は、ビデオリンク方式による尋問はすべきではない

と判断したと考えられる。

2　また、Wは、人前で話すのが得意ではないことを理由に傍聴人に見られたくないとの要望を述べているものの、傍聴人に見られていることによって供述ができないわけではなく、傍聴人との間で遮へい措置を講ずることが「相当」（１５７条の５第２項）とはいえない。そのため、検察官は、傍聴人との間での遮へい措置についても不要と判断したと考えられる。

3　他方で、Wは、Ａからの復しゅうが怖くてＡに見られていたら供述ができないと述べており、「被告人の面前……において供述するときは圧迫を受け精神の平穏を著しく害されるおそれがある」（同１項）といえる。そのため、検察官は、ＡとWとの間の遮へい措置は講じるべきと判断したと考えられる。

第５　設問４

　主尋問においては、証人の供述に不当な影響が生じることを防止すべく、原則として誘導尋問が禁止される（刑事訴訟規則１９９条の３第３項本文）。そして、証人の供述を明確化するのに必要な場合には図面を示して尋問できる（同１９９条の１２第１項）が、これに供述に影響し得る事項が記載されている場合は、誘導尋問を禁じた趣旨が没却されてしまう。

　本件でも、Ａ及びWが立っていた位置を示す記号が見取図に記載されていると、ＡとWの位置関係ひいてはWの目撃供述の信用性に関する供述に不当な影響が及びかねない。そこで、裁判長は、かかる不当な影響を避けるべく、釈明により記号等が消されているかを確認した。　　　　　以　上

論文式試験では、六法（司法試験・予備試験用に編集された
もの）が貸与されます（法科大学院入試では、貸与されない代
わりに、問題文に必要な条文が掲げられている場合もあります）。
試験会場では六法を自由に参照することができます。大学入試
など今までの試験では、おそらく何かを参照しながら解答する
ということはほとんどなかったと思いますので、論文式試験は
少し特殊であるといえます。

　そして、司法試験では、１問につ
きＡ４の答案用紙８枚（選択科目は
４枚）、予備試験では１問につきＡ３
の答案用紙１枚（４頁）が配布され
ます。司法試験の答案用紙は１頁23
行、予備試験の答案用紙は１頁22行
です。この答案用紙を司法試験では
１問当たり２時間（選択科目では３

時間）、予備試験では１問当たり１時間10分（法律実務基礎科
目は１時間30分）で埋めていくことになります（ちなみに、法
科大学院入試では、大学院ごとにバラバラです）。１行当たり25
〜 30字程度を目安として答案を作成しましょう。

　2026年の司法試験・予備試験からは、CBT（Computer
Based Testing）方式の導入が予定されています。タイピング速
度によって解答時間に差が生まれてしまうため、2026年以降に
受験を予定している方は、タイピングスキルの向上を図りつつ、
今後の動向を注視してください。

予備試験論文式試験答案用紙のサンプル

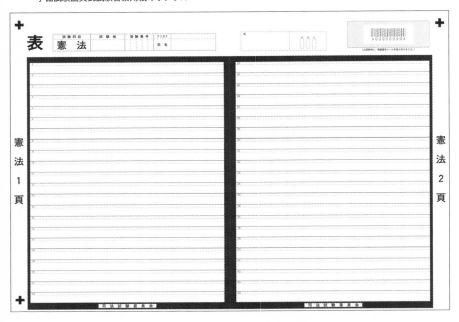

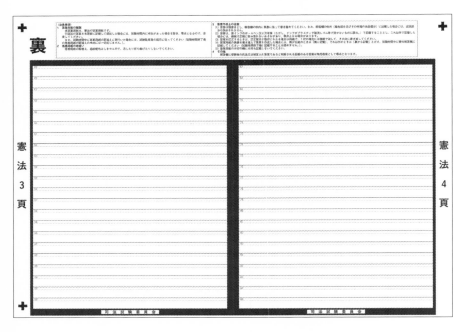

内容面について見ていくと、論文式試験といっても、請求できるか／できないか、適当か／不当かというように一定の答えに向かって法的思考を組み立てる設問もあります。「論文」というと、法学に関する持論か何かを滔々と述べなければならないものと思われがちですが、実はただの試験なのですね。司法試験・予備試験は、法曹になるための能力を図る目的の試験ですので、ある程度客観的な正解があり、それに対応した採点基準があります。試験であるという本質においては、皆さんが今まで解いてきた試験問題と変わりがありません。

　とはいえ、この問題文を、六法を片手に読み解き、法律用語を用いて答案を完成させなければならないのですから、やはり異質かつ高度な試験です。

COLUMN　答案用紙の書き方

① 行は空けずに詰めて書きましょう。左側も不自然な空間を作ってはいけません。

② ナンバリングは、第1→1→(1)→ア……としましょう。そして縦一列につながるように書きます。試験では時間がなくナンバリングに整合性を持たせることが難しいので、アまで使うことは稀でしょう。

③ 文字を消す場合には二重線、行を消す場合はスラッシュで！

④ 挿入する場合は図のようにしましょう。見やすい文字で。

⑤ 「　」を使うのは、条文を引用する場合です。

⑥ 省略を使いましょう。特に条文！
例えば、最初に「憲法23条（以下、法名省略）」と記載すれば、それ以降憲法と書く必要はありません。

⑦ 答案を書き終えたら最後の行の右端に「以上」と書きましょう。

答案の書き方例

1 Aをはねたという為
(1) 過失運転致傷罪（自動車の運転により人を死傷させる行為等の処罰に関する法律5条）が成立するか。
(2) 甲は「自動車」を「運転」しており、不注意で歩行者Aをはねている（その門）ことから「自動車の運転上必要な注意を怠って」といえる。そして、Aは重傷を負ったため「傷」害を負わせたといえ、因果関係も認められる（「よって」）。
(3) 以上より、同罪が成立する。
2 Aを林の中に連れ込み、立ち去ったという為
(1) 保護者遺棄罪（サリネ（以下法令名略）(199条)が成立するか。
(2) Aはひとであるところ、上記行為が保護者遺棄罪の実行行為にあたるか、すなわち不真正不作為犯の実行行為性が問題となる。
ア 実行行為とは、犯罪の結果発生の現実的危険性を有する行為である。そうだとすれば、これを不作為によって実現することは可能である。したがって、不作為による行為にも実行行為性は認め得る。しかし、不真正不作為犯の成立要件は明文化されていないため、限定しなければ処罰範囲の拡大・刑法の自由保障機能を害し、限定しつつなければ処罰範囲の拡大・刑法の自由保障機能を害し、限定しつつなでる。そこで、作為との同価値性を要求すべきである。
同価値性を判断するには、まず①作為義務を要し、これは先行行為、排他的支配の設定等の事情を考慮して決する。また、これは不可能を強いるものでないため、②作為の容易性・可能性も要する。さらに、実行行為である以上、③結果発生の現実的危険性も要する

論文式試験の傾向

▶ 法的知識＋論理的思考力や文章表現力も必要
▶ 法律実務基礎科目では過去問演習が必須
▶ 選択科目では基礎的な知識・理解が問われる

　論文式試験では、法律基本科目（7科目）、法律実務基礎科目（民事・刑事）、選択科目の合計10科目が出題されます。以下では、それぞれの試験科目の傾向を掴みましょう！

法律基本科目

　法律基本科目で求められる知識の範囲は、短答式試験より狭いといえます。

　しかし、そもそも解答形式が選択式ではなく、論述式であるため、法学に関する知識・理解を法律文書という特殊な文書の形で表現しなければなりません。また、問われる知識の範囲が短答式ほど広いわけではないのですが、専門家の間でも議論が尽くされていないような高度な問題が出題されます。つまり、求められる知識が深いのです。

　何が問題なのかもわからないような問題を解決に導くために、基本的な知識をベースとして、自分の頭で考えて答えを導き出す能力（論理的思考力・応用力）と、自分で考えた結論を法律文書の形で表現する能力（文章表現力）の双方が求められます。

　このように、論文式試験問題を解くことができるようになるためには、基本的な知識のインプットを前提として、問題文を読んでから実際に答案を作成するまでの技術も身に付けなければなりません。この点については、論文式試験対策（105頁）で詳しくお話しします。

法律実務基礎科目

　法律実務基礎科目では、法律基本科目で出題される知識をより実務的な観点から使いこなせるかという点を問う問題が出題されます。

　法律実務基礎科目民事では、民事訴訟実務と法曹倫理、法律実務基礎科目刑事では、刑事訴訟実務と法曹倫理が出題されています。

　ザックリとしたイメージですが、民事訴訟実務は民法と民事訴訟法を掛け合わせたもの、刑事訴訟実務は刑法と刑事訴訟法を掛け合わせたものをベースとして、実務的な能力を問うものだと考えればよいでしょう。なお、法曹倫理は、弁護士としての職業倫理を問うものと誤解されがちですが、弁護士法や日弁連が定めている弁護士職務基本規程の条文の使いこなしを求めるものです。

　法律実務基礎科目民事では民法・民事訴訟法、法律実務基礎科目刑事では刑法・刑事訴訟法の知識が前提とされていますので、法律基本科目の学習が終わった後に、知識のインプットを行うと効果的です。

　なお、論文答案作成のための技術が必要になるという点では、法律基本科目と大差ありません。ただし、やや特殊なスタイルで論述しなければなりませんので、その点は別途対策をする必要があります。特に過去問演習が必須となります。

選択科目

　選択科目とは、労働法・経済法・倒産法・知的財産法・租税法・国際関係法（公法系）・国際関係法（私法系）・環境法の8つです。この中から1科目選択することになります。司法試験では試験時間が3時間、問題数が大問2問であるのに対し、予備試験では試験時間1時間10分、1問の出題となっています。すなわち、

予備試験においては司法試験よりも**基礎的な知識や理解**が問われることになります。

　では、どの選択科目を選べばよいのでしょうか。

　選択科目の選び方には6つの視点があります。①興味がある分野か、②教材・講座が充実しているか、③必要な勉強量・時間、④求められる能力、⑤実務で役立つか、⑥受験者の割合の6つです。基本的には司法試験においても予備試験で選択した科目を受験することになるので、長期的な勉強を見据えて、上記視点を総合的に考慮して選択するとよいでしょう。

論文式試験対策

▶ 知識のインプット→答案の書き方を学ぶ→実践

総論～論文式試験問題が解けるようになるためには～

　法学の論文式試験に答えることができる、すなわち論文式試験の答案が書けるようになるためにはどのように学習すべきなのでしょうか。

　上記のように、論文式試験も「試験」である以上、ある程度客観的な正解があります。客観的な正解があるということは、それに対応する解法があるということです。そして、解法があるということは、それを身に付けるための学習法もあるということです。

　以下では、その学習法をもう少し詳しく説明したいと思います。

| インプット | 論文の書き方 | 重要問題 | 答案作成 |

■ 知識をインプットする

　論文式試験の問題は、法律を使って解いていかなければなりません。そのためには、最低限の法学の基本的な知識が必要になります。

　そこで、まずはその知識をインプットすることが必要になります。日本史・世界史、英語、数学……、どんな科目でも問いに答えることができるようになるためには、その科目の知識のインプットをする必要があります。それと同じことです。

　ちなみに、知識はインプットしてそれで終わりではありません。下記の各過程で自分の知識や理解が不十分であることが判明すると思います。アウトプットをした後は、必ずインプットに戻り、テキスト等を用いた反復学習により知識や理解を定着させることが肝心です。

■ 論文答案の「書き方」を学ぶ

　知識のインプットと同時に進めるべきなのが、論文答案の「書き方」を学ぶことです。

　法学の論文式試験は、上記のように少し特殊な試験です。そのため、問題文を読んでから実際に答案を書き上げるための「書き方」を身に付けなければなりません。これを身に付けるためには、まず、手本となる「書き方」を実際に読んでみなければ始まりません。何事も０から何かを生み出すにはかなりの時間がかかります。最短合格を目指す皆さんは、既に確立されている「書き方」を身体に染み込ませることから始めましょう。これによってスタートラインを大幅に前進させることができるのです。

■「重要問題」の解法を習得する

　答案の「書き方」を学んだ後は、実践が必要です。

　数学では、公式を習得した後は、練習問題で公式を使いこな

すことができるように何度も練習したと思います。

　法学の論文式試験でも同じです。各科目について、基本的な条文の使いこなしが問われる問題や、重要な最高裁判所の判例を素材とした問題など、形を変えて幾度となく問われてきた重要問題（典型問題・基本問題）があるのです。まずはこれらの重要問題を中心に学習を進めていきましょう。

　予備試験の論文式試験では、短答式試験ほどではないにせよ、要求される知識の範囲がかなり広いので、こなさなければならない練習問題の数も自然と多くなってしまいます。これが論文式試験の1つの特徴です。

　予備試験では、条文や判例をそのまま使うだけで解けてしまう簡単な問題は出題されないからもっと発展的な問題を解いた方がいいのでは？と思われるかもしれませんが、基本がなければ応用もありません。重要問題をしっかりと習得しなければ、司法試験・予備試験で問われるような難易度の高い問題に対応することはできません。

　ちなみに、上記のように、重要問題で訓練を積む過程で知識や理解に問題があれば、インプットに戻る必要がありますし、解き方に問題があるのであれば、答案の「書き方」に戻って確認するようにしましょう。

■ 実際に答案を作成する

　重要問題で十分訓練を積んだ後は、いよいよ実際に答案を作成していきます。数学でも、練習問題を解いた後は、応用度の高い演習問題を解いたことと思います。それと同じことです。

　ただし、数学との重要な違いがあります。大学受験の数学の場合には、1人でコツコツ発展問題を解き進めることが多かったと思います。制限時間を意識して試験さながらに解くのは、年に数回の模擬試験の時くらいでしょうか。

　これに対して、司法試験・予備試験の場合には、模擬試験に

相当する予備校が提供する「答練」(答案練習)というものがあり、非常に回数が多いのが特徴です（本番と同じタイムテーブルで実施する模擬試験も別途実施されています）。毎週のように、場合によっては毎日のように、模擬試験を受けている感覚ですね。

　司法試験・予備試験は、アウトプットが非常に難しい試験なので、インプットだけではなくアウトプットも反復練習する必要があります。

　毎日、毎週のように模擬試験があるというと不思議に感じるかもしれませんが、理に適った学習法なのです。

　答案を作成する場合には、できる限り本番に近い環境に身を置く必要があります。試験本番では、制限時間内に答案を仕上げなければならないので、時間無制限で答案を作成しても実践的な訓練にはなりません。

　そのため、予備校に通学して答練を受講する、自宅で答案を作成する場合でも制限時間を意識するなど、できる限り本番に近い環境を作り出すように意識してみてください。

▌各論　各科目の論文の書き方

　論文の書き方の実践的な説明はアガルートアカデミーが刊行している『アガルートの司法試験・予備試験　実況論文講義（アガルート・パブリッシング発行）』が詳しいので是非そちらをご覧ください。ここでは導入として、各科目の論文答案を書くに当たって最低限必要となるエッセンスを紹介します。特に重要な上3法（憲法・民法・刑法のこと。それ以外の法律基本科目は下4法と呼びます）については『アガルートの司法試験・予備試験　実況論文講義（アガルート・パブリッシング発行）』に

掲載された答案イメージの抜粋とともに解説していきます。

　以下の内容につきましては、導入といえども司法試験の受験を視野に入れ始めたばかり、という方にとっては読んでいて理解しづらい箇所も多いかと思います。そういう場合はさらっと読み流してくださって構いません。実際に司法試験受験を決め、基本的な知識のインプットを進めていく中で、改めて読み直していただけると、スムーズに理解できるはずです。

▶ 公法系

憲法

　まずは、基本となる人権パターン（処理方法）を押さえるところから始めましょう。簡単にいえば、「保障→制約→審査基準の定立→あてはめ」という流れで答案を書くことをマスターしましょう。審査基準の定立では、権利の重要性や規制の性質等に着目します。また、あてはめでは、目的の重要性→手段の適合性・必要性・相当性の順に検討します。憲法の答案は型がある程度決まっており、皆これをマスターした上で試験に臨みます。そのため、問題文の事実をいかに丁寧に拾い、いかに丁寧に検討を加え、それを答案に落とし込むかという部分で差がつきます。基本形を覚えたら、多くの演習問題や模範答案例に当たり、どのように事実を拾って、どのような思考回路でそのような文章を書くに至ったかという点に意識を傾けて学習するようにしましょう。また、その思考回路の基本となるのが判例の考え方ですから、判例学習も重要となります。憲法はとにかく頭を捻ることが重要な科目です。

◀憲法　答案イメージ▶

1　Ｘは報道機関であり、取材として大規模なデモ行進の様子とＡによる暴行を撮影しているところ、裁判所による提出命令はＸの取材の自由を侵害しないか。

2　報道は、国民に判断の資料を提供し、国民の知る権利に奉仕し、実質的なものにするという性格を有するから、表現の自由として21条で保障される。　　　　　　　　←論証　←報道の自由

　報道は、取材・編集・発表という一連の行為からなるから、報道機関の報道が正しい内容をもつためには、取材の自由も21条の精神に照らし、十分尊重に値すると解すべきである。　←取材の自由

　そして、本件提出命令によって、将来における取材活動に支障が生じるおそれがあるから、本件提出命令は、取材の自由を制約するものである。　　　　　　　　　　　　　　←制約

　しかしながら、公正な刑事裁判の実現を保障するために、取材の自由がある程度の制約を被ることとなってもやむを得ない。また、本件において取材の自由が害されるとしても、下記のように、将来において取材活動に支障が生じるおそれがあるという程度にとどまるのであって、取材の自由に対する制約は間接的付随的なものにすぎない。　　　　　←論証　←制約の程度

　そこで、提出義務の有無は、審判の対象とされている犯罪の性質、態様、軽重及び取材したものの証拠としての価値、ひいては、公正な刑事裁判を実現するに当たっての必要性の有無を考慮するとともに、取材したものを証拠として提出さ　←基準

せられることによって報道機関の取材の自由が妨げられる程度及びこれが報道の自由に及ぼす影響の度合その他諸般の事情を比較衡量して決せられるべきである。

3　本件では、Ａによる公務員職権濫用罪という重大犯罪が被疑事実となっており、また、Ａは犯行を否認している上、被害者の特定も困難な状況であるから、立証が困難となっている。そのため、現場を中立的な立場から撮影した報道機関の本件フィルムは、証拠上、極めて重要な価値を有し、Ａの罪責の有無を審理判断する上で必須といえる。

　一方で、Ｘは放映目的で撮影したと解されるところ、既に編集の上、放映を終えているのであるから、Ｘが被る不利益は、将来における取材活動に支障が生じるおそれがあるのみであって、その制約は間接的付随的なものにすぎず、被侵害利益は小さい。

4　したがって、提出命令は公正な刑事裁判の実現を保障するための合理的な制約であり、21条１項に反しないから、Ｘには本件フィルムを提出する義務がある。

以　上

行政法

　まずは、①行政事件訴訟による救済の場面か、②国家賠償や損失補償といった金銭賠償による救済の場面かに大きく分かれます。①の場面がよく出題されますから、行政事件訴訟についての理解が最重要です。①では、まず、問題となっている行政活動を特定した上で、提起すべき訴訟を示します。次に、訴訟要件を満たすか検討します。これを満たした場合には、行政活動の中身が問題となります。手続的な問題は無かったか？実体的な問題が無かったか？ということを検討していくのです。処分性や原告適格のような重要論点は頻出なので、どのような形で出題されても対応できるように、処理方法を確立しておきましょう。また、行政法は事例に応じてあらゆる法律が問題になりますから、個別の考え方を覚えることは不可能です。そこで、基本となる考え方の習得が重要になります。基本的な考え方とは、どんな問題にも横断的に通用する考え方ということです。例えば、要件裁量・効果裁量という概念がありますが、これらの概念をしっかり理解すれば、問題となる法律は様々であっても、法律の文言や処分の性質から裁量の有無を判断できるようになります。

▶ **民事系**

民法

　当事者の生の主張が出発点です。問題文を読み、事案を把握しつつ、当事者が具体的に何を求めているのかを探りましょう。次に、その主張を基礎付ける法的根拠を探します。法的根拠が特定できたら、法律要件

を検討し、事案をあてはめていきましょう。法律要件を全て満たす場合には法律効果が発生します。当事者の法的請求が認め

られそうだ、ということになれば今度は相手方の反論を探り、それを基礎付ける法的根拠を探し……と同じステップを踏むことになります。要件事実を意識すると主張・反論の構造がわかりやすくなるでしょう。

　また、原則→例外を意識することも重要です。まずは、原則を法的三段論法により示し、その原則論に基づくと不都合が生ずる場合に、例外としてどのような処理が考えられるかを示します。

◀民法　答案イメージ▶

第1　(a)について
1　AはDに対し、所有権に基づき甲土地の明渡しを請求する ←請求と法的根拠
　　ものと考えられる。この請求が認められるためには、Aに甲
　　土地の所有権が帰属している必要がある。
　　　本問において、Aは、Bに対し、甲土地を売却する意思表 ←Dの反論とAの再反論を
　　示をしているものの、売却したように装ったもので、これは 　まとめて論じています
　　通謀虚偽表示（民法（以下、法令名省略。）94条1項）に当
　　たり、無効である。したがって、いまだAに甲土地の所有権
　　が帰属するため、Aの請求は認められるのが原則である。
2　これに対して、Dとしては、94条2項により自身が保護さ ←Dの再々反論
　　れると主張することが考えられる。もっとも、Dは直接の「第
　　三者」たるCからの転得者である。
　　　そこで、Dが「第三者」に当たるかが問題となる。 ←「第三者」の意義
(1)ア　94条2項の趣旨は虚偽の外観を信頼した第三者を保護 　論証
　　する点にある。そうすると、「第三者」とは、その信頼
　　が保護に値する者を意味すると考えるべきである。
　　　具体的には、当事者及びその包括承継人以外の者で、
　　行為の外形を信頼して、新たに、独立の法的利害関係を
　　有するに至った者を指すと解する。
　イ　そして、条文上転得者を排除すべき根拠はなく、また、 ←転得者が「第三者」に
　　実質的にも転得者も行為の外形を信頼することはあり得 　当たるか
　　る。

　　　　したがって、転得者も上記要件を満たす限り、「第三者」
　　に当たると解する。
　　　　Dは転得者であるものの、当事者及びその包括承継人
　　以外の者で、行為の外形を信頼して、新たに、独立の法
　　的利害関係を有するに至った者に当たるので、「第三者」
　　に該当する。
(2)　では、「善意」とは無過失も含むのか。 ←「善意」（94条2項）の意義
　　　この点について、条文上「善意」としかないし、また、 　論証
　　虚偽表示をした本人と虚偽の外観を信頼した第三者との利
　　益衡量を踏まえても、過失の有無を問うべきではないと解
　　する。
　　　本件でも、DはAB間の事情について知らないので、「善
　　意」の要件を満たす。
(3)　本件で、Dは登記を経由していないが、94条2項により ←登記の要否
　　保護されるには登記を備える必要があるか。
　　　虚偽表示をした本人と第三者は前主後主の関係に立ち、 　論証
　　対抗関係とならない。また、虚偽の外観作出に関与した真
　　の権利者と「第三者」の利益衡量の観点から、権利保護要
　　件としての登記を要求すべきでもない。
　　　したがって、登記は不要である。

商法

　基本的な考え方は民法と同様ですが、会社法の条文は量が膨大です。問題となる紛争類型ごとに条文やそれにまつわる論点を整理しておくとよいでしょう。会社法は出題される論点があまり多くありません。過去問でも同じような問題が繰り返し問われています。そのため、何度も出題されている条文や論点を確認して、まずはその学習から始めると効率的でしょう。

民事訴訟法

　まずは、時系列のどこに位置する事柄が問題となっているのかを捉えましょう。常に全体像を意識することは民事訴訟法のみならず、他の法律を学習する際にも重要なことです。また、処分権主義や弁論主義といった基本的な概念に関する理解を深めましょう。民事訴訟法は、そもそも何が問題となるのかを把握することが他の科目に比べて難しい傾向があります。一方、定義や趣旨から考え方の糸口を見つけやすい科目です。そのため、条文や基本的な原理に対する深い理解が重要になってくるのです。

▶ 刑事系

刑法

　構成要件該当性（客観的構成要件要素→主観的構成要件要素）→違法性→責任の流れをまずは遵守しましょう。上位・難関法科大学院の学

生であっても、この流れすらあやふやな学生が一定数いるようです（今回は正当防衛が問題になる！と考えて、すぐにその論点に飛びついてしまうようなイメージです）。まずは、こうした基本の作法を染み込ませることから始めましょう。また、メリハリ付けが重要です。あまり問題とならない犯罪については軽く指摘するにとどめ、厚く書くべき部分の論述を充実させましょう。

第1　構成要件該当性～違法性　　　　　　　　　　　←構成要件該当性～違法性
1　甲は、殺意をもって乙の腹部をナイフで突き刺し、結果乙　←構成要件該当性
　に全治3か月の重傷を負わせており、甲の行為は殺人未遂罪
　（203条、199条）の構成要件に該当する。
2　また、甲は、暴力団の組員が殴りかかってくるものと思い　←違法性阻却事由の有無
　込んで上記行為に及んだのであるが、乙は甲を友人の丙と勘
　違いし、驚かせるつもりで立ちふさがっただけであるから、
　客観的に法益侵害の危険は切迫していない。
　　よって、「急迫不正の侵害」（36条1項）は認められず、甲
　の行為が正当防衛として違法性が阻却されることはない。
第2　責任　　　　　　　　　　　　　　　　　　　　　　←責任
1　しかし、甲は、不正の侵害を誤認し、身の危険を感じて乙　←違法性阻却事由の錯誤
　をナイフで刺していることから、正当防衛を基礎付ける事実
　に関して錯誤があり、故意（38条1項）が阻却されるのでは
　ないかが問題となる。
　　故意責任（38条1項）の本質は、犯罪事実を認識すれば規　←｜論証｜
　範の問題に直面し、反対動機の形成が可能であったのにあえ
　て行為に出たところに直接的・反規範的人格態度が認められ、
　重い道義的非難に値する点にある。とすれば、故意責任を問
　うためには、規範に直面し得る程度の事実の認識が必要であ
　るが、正当防衛を基礎付ける事実を認識していた場合には、
　規範に直面していたといえず、故意は阻却されるものと考える。

2　では、甲は正当防衛状況を認識していたといえるか、以下、　←誤想防衛の成否
　36条1項の要件に即して検討する。
(1)　まず、「急迫不正の侵害」の認識は認められるか。　　　←「急迫」性
　　甲は、対立中の暴力団の組員に襲われることを予期して
　いるから、「急迫」性に欠けるようにも思われる。
　　しかし、法は予期された侵害を避けるべき義務を課する　←｜論証｜
　趣旨ではないから、当然又はほとんど確実に侵害が予期さ　　問題によっては最決平
　れたとしても、それを利用して侵害者に対して積極的に加　29.4.26【百選I23】に従
　害行為をする意思等がない限り、当然に侵害の急迫性が失　ってしっかりと論ずべきで
　われるわけではない。　　　　　　　　　　　　　　　　　すが、本問では、結論が明
　　甲は、組員が殴りかかってくると思い込んでおり、侵害　らかなので、短く論じまし
　の予期が認められるが、それ以上にその機会を利用して侵　た（「等」という文言は、積
　害者に攻撃を加えようとする意図等は認められない。　　　極的加害意思論が平成29年
　　したがって、「急迫不正の侵害」の認識は認められる。　　決定の判断枠組みに包摂さ
(2)　次に、甲は逆上して乙の腹部を突き刺していることから、　れていることを意識したも
　防衛の意思を有しているとはいえず、「防衛するため」で　のです）
　あることの認識を欠くのではないか。　　　　　　　　　　└防衛の意思
　　この点に関して、そもそも防衛の意思の要否につき争い　←｜論証｜
　あるも、行為の社会的相当性を判断するためには行為者の
　主観面も考慮に入れるべきであるし、条文上も「防衛する
　ため」とされているから、これを必要と解すべきである。

刑事訴訟法

　大きく捜査法と証拠法に分けられます（もちろん他にも色々ありますが）。刑事訴訟法のメインディッシュは捜査法です。捜査法の問題では、まず捜査機関の行為を把握しましょう。そして、基本的には、その行為が、①強制処分に当たらないか、当たらないとしても、②任意処分の限界を超えないかを検討していくことが多いです。刑事訴訟法についても答案の書き方は皆マスターしている傾向があり、いかに丁寧に事実を拾って説得的に論ずることができるかで差がつきます。ただし、何でもかんでも事実を書き写せばよいという問題でもありません。模範答案や評価の高い再現答案を読み、自分が重要だと思った部分と照らし合わせることで、次第に適切な事実が指摘できるようになります。

COLUMN　誰も教えてくれない基礎中の基礎　〜あてはめとは〜

　「あてはめしよう！あてはめが大事！といわれるけど、結局あてはめって何？」ってなりますよね。あてはめというのは、「ここまで問題となる法律を検討してきました、じゃあ今回の事案だと具体的にどうなるの？今回の事案に**あてはめて考えてみよう！**」というものです。最終目標は問題を解決することですから、いくら法律論を抽象的に語っていても、じゃあ今回はどう解決されるの？というところに到達しないと意味がありません。最後には具体的な検討が必要なのです。その具体的な検討をする部分があてはめです。

　では、あてはめはどのようにすればよいのでしょうか？問題文の事実をそのまま引っ張ってきて要件にあてはまりそうだ！と書いても何の説得力もありません。写経したのと同じです。あてはめにおいて重要なことは文脈に応じた**事実の評価**をするということです。

　簡単な例を出しましょう（実際の事例は他にも様々な事情が付け加えられていて複雑です）。例えば刑事訴訟法で、甲宅の窓を割って捜査員が捜索を開始することの可否が問題となった場合で、問題文に「甲には覚醒剤取締法違反の前科があった。」との記載があったとしましょう。そこで、問題文をそのまま書き写して「甲には前科があるから、窓を割る必要性がある。」と書いても説得力がありません。「甲には覚醒剤取締法違反の前科があるから、甲は既に警察の捜査手法を熟知しており、警察がインターホンを押して

接触しようとすれば、ただちに証拠隠滅を図るおそれが高いといえる。その
ため、窓を割る必要性が認められる。」のように、事実を評価することが必
要となるのです。今回の場合は、「甲には同じような犯罪の前科があるのか
……。となると、既に捜査を受けたことがありそうだ。仲間から対応方法を
教えてもらっているかも。そうしたら、警察が来てもドアにチェーンをかけ
て対応したり、時間稼ぎしたりして、家の中にある証拠をシンクに流したり
しそうだな……。そうだとすると、ドアの方に引き付けておいて窓の方から
家に突入する必要があるかもしれないぞ。」のような感じで考え、その思考
過程を評価として答案に落とし込むイメージです。

口述試験

　口述試験は、法的な推論、分析及び構成に基づいて弁論をす
る能力を有するかどうかの判定のために行われる、いわゆる面
接試験です。

　試験委員がある事例を口頭で読み上げ、それについての問い
を投げかけます。受験者はその問いに答える形になります。

　なお、六法は参照してもいいこと
になっているのですが、暗記が不要
な問いが多く、解答を暗記している
のが当然な事項もあるので、実際に
参照することはほとんどないでしょ
う。どうしても条文番号や基本概念
が出てこなかった場合等に参照が許
されることがあるといった程度です。

傾向と対策

　論文式試験の合格発表から、口述試験が実施されるまで、約
１か月程度しかありません。ちなみに、口述試験は、論文式試
験合格者の９割以上が合格する試験なので、論文式試験受験後、

合格発表までの間、口述試験の対策を行っている受験生はほとんどいません（並行して法科大学院入試を受験している人は法律の勉強をしていますが、そうではない人はそもそも法律の勉強すらしないのが通常です）。多くの受験生は論文式試験合格発表後に口述試験対策を完成させているのです。

　対策としては、まず、論文式試験の法律実務基礎科目で学習した法律知識をもう一度総ざらいしておきましょう。そして、口述再現集を読み込むことが効果的です。口述試験では同じような問いが繰り返し出題される傾向にあるからです。

　また、面接試験ですので、必要な知識が備わっていたとしても、スムーズに解答するために、ある程度の場馴れが必要です。

　特に、わからない問題が聞かれたとしても何か発言することで試験官と会話を続けて、助け舟にうまく乗り、最小限の点数は取ることが大事だと考えられています。

　口述試験のやりとりを再現したものや、実際に受験した人の話から分析すると、**試験官は、何とか正解を引き出そうと考えて、ヒントをくれる、条文の参照を許可してくれるなど、色々と助け舟を出してくれている**ことがわかります。

　口述試験（模擬試験）の試験官の方からは、沈黙して考えている人には助け舟を出すことができないという話をよく聞きます。会話のキャッチボールでいうと、相手がボールを持っている状態なので、試験官が身動きを取れないということです。

　とにかく何か発言をして、ボールを試験官に渡してしまうことが重要です。例えば、「訴訟物は何ですか？」と聞かれた場合には、「はい。売買契約に基づく代金支払請求権です。」のように答えます。「はい。本件においては、○○と××が売買契約を締結しており…、△△だから、…訴訟物は売買契約に基づく代金支払請求権です。」というような答え方はNGです。試験官の誘導を妨げないよう、必要最小限の解答を心がけましょう。

　この点については、各予備校が、論文式試験合格発表後、口

述試験の模擬試験を実施しますので、それを利用することが必須です。また、友人と交代で試験官役をし、過去問を出し合うことも効果的です。

第 **5** 章

予備試験合格まで
「最短」で駆け上がろう！

　予備試験に合格することそれ自体でも十分な価値がありますが、できる限り早く合格することの価値は計り知れません。1年合格が叶えば、本来試験勉強に割いていたはずの時間を他のことに使うことができ、より人生を充実させることができるのです。本章では、「最短」合格を可能にする学習法を紹介していきます。

なぜ「最短」にこだわるのか

> ▶ 1年でも早く予備試験・司法試験に合格することで、
> 実務家としての活躍の可能性が広がる！

　本章では、前章までの予備試験の分析を踏まえ、予備試験に「最短」で合格するための学習法をお伝えします。本書における「最短」とは、約1年間の学習期間で予備試験に合格することを指します。

　しかし、本書の読者の皆さんの中には、なぜ「最短」＝1年間の学習期間にこだわるのか、疑問に思われる方もいらっしゃるかもしれません。

　その理由を説明しましょう。

　皆さんが、予備試験を目指すのはなぜでしょうか。

　もちろん、直接的には、司法試験の受験資格を得るためでしょう。その意味では、「最短」にこだわる必要はありません。

　しかし、最終的な目標は、司法試験に合格し、法律実務家として活躍することでしょう。

　法律家としてのキャリアを考えた場合には、1年でも早く司法試験に合格すべきです。受験勉強などいくら頑張っても、「実務」という観点から見れば、得られる知識・経験はたかが知れています。司法試験で問われるのは、法曹としての基礎的な能力であり、実務ではそれを応用した多岐にわたる能力が必要とされるのです。1年でも早く実務に出てキャリアを積み、多様な経験をすることが、実務家としての成功に繋がります。

　また、生涯年収の面でいっても、法律事務所の中には初年度から年収が1千万円を超えるところもありますので、数年間受

験勉強に費やしてしまうと、数千万円の収入が失われてしまうことにもなりかねません（逆に、予備校代や生活費などで出費がかさんでしまいます）。

　司法試験合格も予備試験合格も、皆さんにとってはあくまでも目的達成のための手段にすぎないということを忘れないようにしなければなりません。

　予備試験ルートをオススメするのも、１年でも早く皆さんに実務家として活躍してほしいからです。

　以下でお話しするように、本気で勉強すれば、１年間（場合によってはそれ未満）の勉強で、予備試験に合格することが可能です。司法試験の勉強期間を入れても、２年間の勉強期間で済みます。一方で、法科大学院ルートでは、最低でも司法試験受験まで、大学３年間＋法科大学院１年間の計４年間の学習期間を要します。最短合格という観点では、法科大学院ルートの方が長い期間にわたってしまうことは否定できません。

　それよりは、１年間、２年間で集中して「濃い」学習をし、できるだけ早く実務家として活躍する途を選んだ方が賢明ではないでしょうか。

02 予備校利用が最短ルート？

▶ 予備試験 1 年合格には予備校の利用が必須！

「最短」で合格するために、「どのように」学習すればいいのか。率直にお答えしますと、**「最短」ツールは予備校です！** 現在、司法試験・予備試験に合格される方々のほとんどが予備校に通っている理由はそれなりにあります。それが何故なのか、他の学習ツールと比較して探っていきましょう。予備校が最短ルートであることが既におわかりの方は、この部分は読み飛ばしていただいて結構です。

大学の講義

大学の法学部に在籍している方の中には、大学の講義を利用して、予備試験の合格を目指すという方もいらっしゃるかもしれません。

確かに、法律基本科目（憲法・民法・刑法・商法・民事訴訟法・刑事訴訟法・行政法）については、法学部でも必修科目又は選択科目として履修することができるでしょう。しかし、おそらく多くの大学では、これらの科目を全て履修するためには、**2年半ないし3年の期間がかかります。**

そのため、1年間の学習期間で予備試験に合格することはそもそも物理的に不可能なのです。

また、大学の講義は、主に学問研究の成果を伝えることを目的としており、司法試験合格、予備試験合格を意識して行われるわけではないので、司法試験合格、予備試験合格に必要十分

な知識を身に付けることが難しいといえます（大学講義「あるある」として、担当教授の専門分野は妙に詳しく扱い、それ以外の分野についてはほとんど扱わないという話があります）。

なお、法律実務基礎科目に相当する講義を開講している大学はほとんど無いでしょう。

以上のような事情からすると、**大学の講義を利用して予備試験の１年合格を目指すことはほぼ不可能**であるといってよいでしょう。

ただ、誤解しないでいただきたいのは、「**大学の講義をサボっていい**」といっているわけではないということです。大学の講義の中にも司法試験、予備試験の受験に役立つものもありますし、法科大学院を併願する場合、ＧＰＡをキープしておかなければならないので、実際問題としても講義を軽視することはできません。

司法試験、予備試験に役立ちそうな講義（特に、論文式試験問題で出題されそうな事例問題を素材とした講義）は、積極的に活用するようにしましょう。

独学

独学で予備試験の合格を目指す場合、学者の先生が執筆した法学の教科書・判例集・法学雑誌・学術論文や予備校が出版している教科書（学者の教科書等を試験用にまとめたもの）を利用することになります。

確かに、旧司法試験時代もいわゆる天才・秀才は、独学で合格していきました。

しかし、ほとんどの受験生は独学での学習をすぐに諦めます。**法学は極めて難解な学問です**。専門用語が次々と登場するため、日本語で書かれているにもかかわらず、意味が全くわからないといったことがよくあります。例えば、民法では「善意」とい

う専門用語が出てくるのですが、これは日本語的な意味（「好意で」といった意味）とは異なる意味で用いられています。しかも、困ったことに、それが文脈によって「知らない」という意味であったり、「積極的に信じる」という意味であったりと変化するのです。このことを独力で理解しようとしても難しいといわざるを得ません。

　また、**身に付けなければならない法学の知識は膨大**です。教科書１冊だけでもかなり分厚いのですが、それが科目によっては複数冊存在します（最も多い民法では、４冊５冊は当たり前です）。それだけでなく、最高裁判所の判例を学習するための判例集、最先端の議論を学ぶための法学雑誌・学術論文を読む必要も出てきます。

　これらを全部読みこなすのか……と、気が遠くなってしまい挫折してしまう人が多いと思います。

　予備校の教科書も、学者の教科書等に比べればわかりやすいものの、これをまとめたものにすぎませんので、結局難解な用語が並べ立てられていること、合計何千頁も読まなければならないことには変わりがありません。

　ちなみに、司法試験や予備試験の合格のために、これらの文献を全部読まなければならないわけではありません。試験に出題される知識の範囲は、旧司法試験時代からの過去問の蓄積がありますので、それを分析することである程度絞られるからです。

　しかし、独学の場合、何が司法試験・予備試験で必要な知識で何が不要な知識なのか、何を読めばどの程度の知識が身に付くのか等の見分けがつきません。

　そのため、結局は満遍なく読みこなさなければならなくなるのです。

　そうすると、最短合格・１年合格などは「夢のまた夢」ということになってしまいます。

予備校

　そこで、ほとんどの予備試験受験生は司法試験受験予備校を利用しています。これは、旧司法試験時代から変わりません。法科大学院創設後も、司法試験の受験指導は、予備校が担ってきたのです。

　予備校を利用するメリットは、大きく2つあります。

第1に、司法試験・予備試験対策に特化していること。

　例えば、アガルートアカデミーには、司法試験に合格した後、実務を兼任することなく受験指導に特化する講師がいます。この講師は、学者執筆の教科書はもちろんのこと、法学雑誌や学術論文まで司法試験の受験指導に必要なものには全て目を通し、指導や教材に反映しています。このように実務を兼任しないで受験指導に特化する講師は非常に珍しいケースですが、その他の講師も法科大学院の教授や大学教授に比べると、司法試験の受験指導に精通しています。そうした司法試験の受験指導に卓越した講師陣や司法試験合格者の力を結集させて指導するのですから、最も合格に必要なエッセンスが詰まった講義を受けることができます。

　前述の通り、法学の知識は難解なだけでなく、身に付けなければならない量が尋常ではありません。予備校はそれらの中から試験に必要な情報だけに絞り込んで、講義をしているのです。つまり、独学の場合には自分で取捨選択し、整理しなければならない内容を予備校が皆さんの代わりにクリアし、提供しているのです。

　ちなみに、アガルートアカデミーでは、膨大な情報量から、司法試験・予備試験の観点から必要な知識だけに絞ったフルカラーのオリジナルテキストを作成して、法学知識ゼロの方でもすぐに理解できるような講義・教材を提供しています。

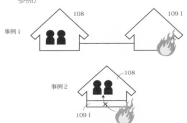

問題 第63問 論証 135頁

論点 放火罪における建造物の一体性 予H28 司H18-19-7,H20-10-オ,H21-11-4,H24-17[予3]-4

事 例 1：甲は，A神宮の祭具庫に火を放ち，これを炎上させた。なお，同祭具庫は木造の渡り廊下によって複数の木造建物と結ばれており，その中の建物の一部である宿直室には，複数の宿直員が寝泊まりしていた（最決平元.7.14【百選Ⅱ83】参照）

事 例 2：甲は，鉄筋10階建マンションの1階にある無人のB医院に侵入し，書類等に放火して同医院の受付室を焼損した。なお，同マンションの2階以上には70世帯が居住していたが，同マンションは完全な耐火構造であり，2階以上に類焼する危険性は全く生じなかった（仙台地判昭58.3.28参照）

問題の所在：建造物全体が客体となっていれば，現住建造物等放火罪が成立するし，一方で一部のみと考えれば非現住建造物等放火罪が成立するため，基準が問題となる

Ａ 物理的一体性を基準とする説＝構造的一体性に加え，延焼可能性も考慮する

（事例の処理）事例1は一体性肯定，事例2は一体性否定

Ｂ 物理的一体性を基準としつつ，機能的一体性（全体が一体のものとして人の起居に利用されているか）をも考慮に入れるとする説

（理由）刑法が現住建造物放火を特に重く処罰しているのは，人の生命・身体への危険が著しいためであり，居住部分と一体として利用されることによって「人がそこに居合わせて火災の危険にさらされる可能性」は増加する

（事例の処理）事例1は一体性肯定，事例2は一体性否定

Ｃ 物理的一体性又は機能的一体性のいずれかが認められれば足りるとする見解（判例 最決平元.7.14【百選Ⅱ83】，最決平元.7.7【百選Ⅱ82】） 司H24-17[予3]-3,R2-14[予2]-4,R2-2-4

→延焼可能性は物理的一体性判断の考慮要素であるとする

（事例の処理）事例1は一体性肯定，事例2は一体性否定

Advance **機能的一体性の位置付け**

学説では，機能的一体性については，処罰範囲が拡大しすぎるおそれがあるため限定的に解すべきとする説が有力

→構造上の一体性が肯定される場合に，実質的危険性を判断するため，延焼可能性と並んで考慮するにとどめるべき

☑ 最高裁は，他に，居住者が常時利用しているマンション内に設置されたエレベーターに一体性を認めている（最決平元.7.7【百選Ⅱ82】） 司H21-11-4,H24-17[予3]-4,R2-14[予2]-5,予R2-2-5

出典：司法試験 総合講義 刑法（※実際にはフルカラーになります）

第2に、司法試験・予備試験の短期合格のための合理的なカリキュラムを提供していること。

　受験指導予備校には、旧司法試験からの受験指導のノウハウが蓄積されています。そのため、受験生がどの辺りを苦手としているのか、受験生にとってどのような学習方法が最適か、全て把握しています。それを踏まえて、司法試験・予備試験に最短で合格するためのカリキュラムを提供しています。

　予備校にもよりますが、通常はおおよそ2年間のカリキュラムで予備試験に合格するための知識・技術が身に付くようプログラムされています。

　なお、アガルートアカデミーでは、合格に本当に必要なエッセンスのみを厳選することで、1年間の学習で予備試験に合格するためのカリキュラムをご提供しています。ZOOMや電話、メールにて受講相談を承っておりますので、お気軽にお問い合わせください。

　これらのことから、予備試験の最短合格を目指す場合には、予備校利用は必須だと考えてください。

COLUMN　法科大学院ルートを採る場合、予備校は不要？

　法科大学院ルートを採る場合には、予備校利用は不要なのかというと、そういうわけでもありません。

　上位・難関法科大学院既修者コースの入学試験は、予備試験と法科大学院受験の併願がスタンダード化し、予備試験を第1志望とする受験生が法科大学院を受験している関係で、そこそこの難関試験になっています。

　そして、多くの受験生は、上位・難関法科大学院既修者コースに入るために、予備校を利用しているのです。

　さらに、上位・難関法科大学院既修者コースに入学した後も予備校を利用するのが通常です。法科大学院の授業だけでは、司法試験対策としては不十分であることが多いからです。

　法科大学院ルートを採ったからといって予備校利用が不要となるわけではなく、むしろ予備校代がかさむ場合も多いというのが現状です。

> ▶ 予備試験１年合格の２つのポイント
>   * 論文式試験をいかにして突破するか
>   * 短答式試験は足切り点を効率よく稼ぐ

　ここから先は、主に予備校を利用して１年間での予備試験「最短」合格を目指す術をお伝えします。独学では実現することが難しいスケジュールになっていますので、予備校の利用を前提としている人のみ読み進めてください。

　予備試験は、2023年度から７月に短答式試験、９月に論文式試験、１月に口述試験が行われ、それぞれの試験を順次突破していくという段階式の選抜方法を取っています。それぞれの試験の成績は、その試験の合否の判定のみに用いられます（その後の試験の合否には影響しません）。

　そのため、**まずは７月に行われる短答式試験を突破しなければなりません。**

　短答式試験は、合格率が20％前後と、簡単な試験ではありませんが、そうはいっても、中には記念受験的な人もおり、また知識を中心に問う出題傾向にあるため、コツコツと勉強すれば、突破できる試験です。

　これに対して、論文式試験は、短答式試験に合格した受験生のうちの20％前後しか合格しない試験です。その中には当然記念受験的な人は含まれていませんし、また、出題傾向が、基本的な知識をベースとして、高度な思考力・応用力を問うものであるため、相当難しい試験になっています。

	総合知識対策 （口述試験対策）	論文式試験対策 （口述試験対策）	短答式試験対策
年内〜3月	基本的・総合的な知識の習得	論文答案の書き方の習得／論文演習を繰り返す／予備試験型答練／予備試験・旧司法試験論文過去問／法律実務基礎科目・選択科目	短答プロパー知識の習得
3〜5月		法律実務基礎科目答練／司法試験過去問	司法試験・予備試験過去問／旧司法試験過去問・一般教養科目
短答直前期			復習／復習／復習／模試
			短 答 式 試 験
短答合格発表			
論文直前期	復習	復習／直前答練・模試／司法試験過去問／復習	
		論 文 式 試 験	
論文合格発表			
口述試験	復習	復習〈法律実務基礎科目〉	
		口 述 試 験	
最終合格発表			

なお、口述試験は、論文式試験を突破した人の中の９割以上が合格する試験になりますので、その対策を考えるのは、論文式試験を終えた後でよいでしょう。

　以上から、１年間の勉強で予備試験に合格するためには、**第１に論文式試験をいかにして突破するのか**という点がポイントとなります。また、**第２に、短答式試験は足切り点（例年、270点満点で160点から170点）をクリアできればよく、それ以上の点数は必要ないため、その点数をいかにして効率よく稼ぐか**という点がポイントになります。

　これらを踏まえて、論文式試験までの勉強法を考えていきましょう。

COLUMN　学習開始時期

　これから説明する学習スケジュールは、約１年間の学習期間で予備試験の合格を目指すというものです。そのため、学習の開始時期は、概ね５月～９月頃を想定しています。

　では、例えば、本書を手にとって、予備試験の合格を目指そうと思い立ったのが、秋から冬だった場合はどうするか。

　秋口であれば、必死になって勉強すれば不可能ではありません。１日の学習時間は膨大なものになりますが、年内～３月までにこなさなければならない部分を圧縮して消化してしまいましょう。

　これに対して、さすがに半年の学習期間では予備試験の最終合格は現実的ではないので、冬から学習を開始する場合には、再来年の予備試験を目指すことになります（例えば、2023年12月に学習を開始した場合には、2025年度の予備試験）。もっとも、翌年の予備試験を受験しない手はありません。出願期間が過ぎていなければ、出願し、受かるつもりで受験してみてください。本試験の雰囲気を味わうだけでも、十分な収穫があるはずです。

　もし仮に短答式試験を突破できれば、さらに論文式試験までの期間、学習の猶予が与えられることになるので、そこでの頑張り次第では論文式試験突破も……という可能性も出てきます。

合格までの道のりを押さえよう！

　それでは、最短合格を目指して予備校で学習を開始した場合のスケジュールを具体的に見ていきましょう。今後の学習計画を想像してみてください。

年内〜３月までの勉強法

▶ **総合知識対策**
　＊ 基本的・総合的な知識の習得

▶ **論文式試験対策**
　＊ 論文答案の書き方の習得
　＊ 論文演習（重要問題→予備試験・旧司法試験過去問）
　＊ 予備試験型答練
　＊ 法律実務基礎科目・選択科目のインプット

▶ **短答式試験対策**
　＊ 短答プロパー知識の習得

■ 基本的な知識のインプット

　論文式試験にせよ、短答式試験にせよ、基本的な法学の知識がなければ、問題を解くことはできません。そのため、**入門講座・基礎講座を受講し、基本的・総合的な法学の知識を身に付けることからスタート**します。

　勉強に費やすことができる時間の量は個人差がありますが、約１年間の学習で予備試験の合格を目指す場合、法律基本科目をいかに早く習得することができるかが重要になりますので、１日２時間〜３時間は、講義を受講するようにしましょう。

■ 答案の書き方の習得

　論文式試験対策の第1歩として、論文式試験問題の解き方・書き方を学ぶ必要があります。そこで、予備校が開講している**論文答案の書き方についての講座を受講しましょう。**

　これは、入門講座・基礎講座等のインプット講座と並行して受講するのが効果的です。インプット講座と並行して受講することによって、インプット講座で学んだ知識がどのように論文式試験で問われるのかということを知ることができるからです。

■ 問題集・過去問を解く

　基本的な知識をインプットし、論文答案の書き方を学んだ後は、**ひたすら問題演習を繰り返します。**

　学習ツールとしては、多数の重要問題を潰すことができる予備校の論文講座を受講するか市販の問題集を解きましょう。

　問題集や講座ですが、一般的にいえば、ひとまず答案構成（答案構成とは、答案作成の前段階のメモ書きのことをいいます）レベルのものを作成できれば結構です。全ての問題について、実際に答案を作成すると、かなりの時間を消費してしまい、多くの問題を潰す（司法試験受験業界では、慣行的に問題やテキスト、講義をこなすことを「潰す」とか「回す」と表現しています）ことができません。短期間で大量の問題を潰すために、答案構成にとどめておくことをオススメしています。

　講座のテキスト・問題集をある程度潰し終わった段階で、旧司法試験や予備試験の論文式試験で実際に出題された過去問を解いてみましょう。中にはかなり難易度の高い問題も含まれていますが、全く太刀打ちできないというレベルでもありません（なお、後述のように、司法試験の過去問はもう1段階上のレベルです）。もし、この段階では手も足も出ないという問題があれば、その問題は飛ばしてしまっても結構です。

　過去問はできる限り、時間を計って答案を作成してみること

をオススメします。予備試験過去問の難易度はさほど高くありませんが、本試験ならではの「ひねり」が入った良問が多いので、問題演習としては最適です。

　なお、過去問を潰す場合には、**予備校が市販している再現答案集を併せて利用するとよいでしょう**。実際に合格者がどのレベルの答案を書いていたのかがわかり、到達点を把握することができます。

COLUMN　再現答案集

　司法試験・予備試験では、採点された答案が返ってきません。司法試験では法系ごとの点数と合計点が、予備試験では科目ごとにA〜F評価と合計点が返ってきます。そのため、受験生の答案が実際にどのように採点されているのか、厳密にはわからないのですが、予備校が受験直後の受験生に再現答案の作成を依頼しています。その再現答案と合格発表後に通知される点数や評価とを照らし合わせてみると、おおよその採点基準を推測することができるのです。この再現答案をまとめた書籍（再現答案集）を各予備校が出版しています。

■ 答練を受ける

　前項と並行して、**予備校が主催する予備試験型問題を使った答練を受講しましょう。ここでは、今までに学んだ知識や問題の解き方等のテクニックを使いこなし、実際に答案を作成することを目的とします。**試験本番の厳しい時間制限に慣れるため、できる限り本番に近い環境（あるいはそれより厳しい環境）に身を置いて、制限時間内で答案を仕上げる訓練をしましょう。例えば、予備試験では1問当たり70分の制限時間が与えられることになりますが、答案練習会ではあえて自分で1問当たり60分の時間制限を設けてみるといった方法が有効です。

■ 法律実務基礎科目・選択科目のインプット

　前述のように、予備試験の論文式試験では、民事・刑事の法律実務基礎科目及び選択科目が試験科目となっています。

　そのため、この対策も別途必要になります。

　この段階では法律基本科目の基本知識が身に付いているはずなので、独学でインプットすることも可能です。

　もっとも、法律実務基礎科目や選択科目については教科書等があまり充実していません。独学で勉強しようにもそのツールが乏しいというのが現状です。

　そのため、独学で学習するより、予備校のインプット講座を受講した方が効率的です。

　法律実務基礎科目の民事は、民法と民事訴訟法の融合問題が出題されるというイメージです。そのため、民法・民事訴訟法の学習にある程度目処がついた段階で、インプット講座を受講するとよいでしょう。

　法律実務基礎科目の刑事は、刑法と刑事訴訟法の融合問題というイメージです。こちらも、刑法と刑事訴訟法の学習にある程度目処がついた段階でインプット講座を受講しましょう。

　民事にせよ、刑事にせよ、法律基本科目（民事では民法・民事訴訟法、刑事では刑法・刑事訴訟法）の知識・理解が相当程度身に付いていることが前提になります。

　そのため、法律基本科目の知識・理解が不十分なまま、法律実務基礎科目の学習を始めてみてもあまり効果が上がりません。民法・民事訴訟法、刑法・刑事訴訟法の学習がある程度進んだ段階（1つの目安としては、基本的な論文式試験問題が処理できるようになった段階）で、インプット講座を受講することをオススメします。

　選択科目についても、バランスのよいインプット及びアウトプットが必要になります。予備試験においては、出題が1問であることから、基本的な知識や理解が問われます。法律基本科

目のインプットを終えた後、論文対策を講じつつ、選択科目の基礎的な部分を固める方向性で進めましょう。

短答式試験対策

　論文式試験対策がある程度進んだ科目については、短答式試験の学習を開始しましょう。予備校が開講している短答式試験対策の講座で、短答プロパー知識（論文では問われる可能性の低い短答特有の細かい知識）をインプットします。

　インプット講座が終了後（あるいは並行して）、市販の問題集や予備校の講座を利用して、司法試験・予備試験の短答式試験過去問を解きましょう。

　短答式試験過去問については、最終的には95％程度正解できるようになるのが目標ですが、年内〜3月までは、論文式試験対策に比重を置くべきなので、各科目1回（1周）ずつ解くことができれば上出来です。

　なお、**短答式試験対策は、論文式試験対策がある程度進んだことを前提としている**ことに注意してください。

　前述したように、知識量の面でいえば、短答式試験が論文式試験を包含する関係にありますが、幹となる論文式試験対策用の知識が確立していない段階で、短答式試験の問題を解いてみても土台がぐらついているわけですからあまり効果が上がりません。また、短答式試験でもある程度の思考力・応用力が問われる問題があります。そこで求められるのは、論文的な論理的思考力です。そのような問題は、純粋に知識だけで挑んでみても解けないように作られているので、論文式試験対策をこなし、論文的な思考力を身に付けた後に学習するのが効率的です。

3〜5月までの勉強法

▶ 論文式試験対策
　* 法律実務基礎科目答練※
　* 司法試験過去問※
　　（※短答式試験対策の進捗状況によって演習量を調整）

▶ 短答式試験対策
　* 司法試験・予備試験過去問
　* 旧司法試験過去問※
　* 一般教養科目対策※
　　（※もし余裕があれば取り組む）

　この時期は、短答式試験が数か月後に迫っていますので、短答式試験対策の比重を少しずつ上げていきます。

論文式試験対策

■ 答練を受講する

　確実な合格を期す場合には、年内〜3月に予備試験型の短文〜中文事例問題の処理に慣れておき、3月からは予備試験型答練と並行して、法律実務基礎科目答練を受講することが望ましいといえます。

　法律基本科目の知識や論文の書き方がかなり身に付いてきたところで、法律実務基礎科目の書き方を身に付ける段階に入ります。法律実務基礎科目は基本科目とは異なり、出題形式や論文の書き方が特殊ですから、答練で訓練しましょう。

　ただし、短答式試験に合格しなければ論文式試験を受けることすらできませんので、短答式試験対策の進捗状況（例えば、短答過去問を3月までに1科目も1周させていない場合）によっては演習量が少なくなってしまったとしても仕方がありません。

■ 司法試験過去問を解く

　司法試験の過去問を解くことも有用です。

　ただし、短答式試験対策や予備試験論文過去問の進捗状況によっては割愛してしまってください。とにかく優先すべきは短答対策と予備試験の過去問を繰り返し解くことです。

　また、司法試験の過去問は、問題そのものとしてかなり難易度が高いので、この段階で解いてみても太刀打ちできないということがあるかもしれません（予備試験と司法試験の問題の難易度の乖離が大きい科目として、行政法、商法、民事訴訟法、刑事訴訟法が挙げられます）。その場合は、チャレンジしてみても時間の無駄になってしまいますので、短答式試験後に再度チャレンジしてみるということでも結構です。

　なお、短答式試験後でも構いませんので、最低限憲法は解いておくことをオススメします。憲法は、予備試験と司法試験の出題形式がほぼ同様で、難易度もそこまで変わらない（予備試験の問題がかなり難しい）ので、予備試験対策としてかなり効果的です。

┃ 短答式試験対策

■ 司法試験・予備試験の短答式試験過去問を繰り返し解く

　こなすことができていなかった短答式試験過去問をこなしましょう。この段階で既に全科目を1周回すことができている場合には、できなかった問題をピックアップしてこなしていきます。

　2周目でもできなかった問題は、さらにもう一度解きます。過去問で出題された知識は、（違う角度から）繰り返し問われる傾向にあるので、できるまで何度でも解きましょう。

■ 旧司法試験短答式試験過去問を解く

　これは余裕があれば、ということになりますが、旧司法試験

の短答式試験過去問を解くことも有用です。旧司法試験時代は、憲法・民法・刑法の3科目しか出題されていませんでしたが、その3科目についてはかなりの過去問の蓄積があります。これらまでこなすことで、その3科目については、知識や理解の精度をかなりのレベルにまで高めることができるとともに、さらに網羅性を上げることができます。

■ 予備校の一般教養科目の対策講座を受講する

これはさらに余裕があれば、ということになります。

上記のように、予備試験の一般教養科目はほとんど事前の対策をせずに、平均点である24点〜30点程度を狙うというのが賢い戦略です。

そのため、旧司法試験短答式試験過去問を解いても、まだ余裕があるという場合にのみということになりますが（そのような受験生は存在しないような気もするのですが……）、予備校の一般教養科目対策講座を受講してみると、点数の上積みが可能かもしれません。

ただ、一般教養科目の短答式試験対策をするくらいであれば、法律基本科目や法律実務基礎科目の論文式試験対策に充てた方がいいともいえるので、本当に余裕があれば、という程度で考えておいてください。

短答式試験直前期〜
短答式試験受験までの勉強法

> ▶ 短答式試験対策
>   * 総復習
>   * 模擬試験の受験

　この時期は、短答式試験直前期です。短答式試験対策に集中しましょう。

　論文式試験対策は、余裕がある場合や気分転換といった程度の位置付けです。

論文式試験対策

　この時期は、短答式試験の直前期になりますので、論文式試験対策はひとまず脇に置きましょう。気分転換に、論文の勘を鈍らせないように、問題集を解いてみる、答案を書いてみるといった程度で結構です。

短答式試験対策

■ 短答式試験過去問の総復習

　今まで解いてきた**短答式試験過去問で、できなかった問題を総復習しましょう**（第１優先は当然司法試験・予備試験の過去問です。旧司法試験の過去問は余裕がある場合に復習しましょう）。

　知識が定着しているかどうかを確認するとともに、**短答式試験問題の処理に必要なテクニックや思考フローが身に付いている**かどうかも確認しましょう。

■ 短答式試験の模擬試験の受験

　各予備校では、この時期に短答式試験の模擬試験が実施され

ます。

　短答式試験は、論文式試験ほど時間制限は厳しくありません
が、試験本番の環境に慣れるために、**必ず短答式試験の模擬試
験を受験するようにしてください**。1 〜 2 回程度受験しておけ
ば十分です。

短答式試験受験後〜
論文式試験受験までの勉強法

▶ 論文式試験対策
- ＊ 直前答練・模擬試験の受講
- ＊ 論文問題の総復習、基本的な知識・理解の確認
- ＊ 法律実務基礎科目・選択科目の総まくり
- ＊ 司法試験過去問※ （※他の対策が完璧な場合のみ）

　この時期は、論文式試験の直前期になります。論文式試験突
破に向けて最後の追い込みをします。

　直前期は、新しいことに手を出さず、これまで蓄えてきた知識・
演習を徹底的に復習しましょう。直前になると焦って、新しい
演習書に手を付ける人がいますが、着実に学習を積み重ねてい
れば、この時点で新しく学ぶことはほとんどありません。あとは、
試験会場で最大限の力を発揮できるよう、これまで得た知識や
蓄積してきた演習を身体に染み込ませることが重要です。ちな
みに、短答式試験から論文式試験まで 2 か月間あり、そのうち
の 1 か月弱は短答式試験の実施日から合格発表までの期間に当
たります。そのため、合格発表を待って論文式試験の学習を開
始するのでは、1 か月程度の学習時間しか取ることができませ
ん。

　近年の短答式試験の合格最低点は 160 点〜 170 点付近なので、
短答式試験直後に予備校が発表する解答速報を参考に自己採点

をし、150点〜155点を超えている場合には、すぐに論文式試験の勉強を始めましょう。仮に、短答式試験に不合格となってしまった場合も、ここで勉強したことは翌年の予備試験や法科大学院入試でも活きてきますので、少しでも合格可能性がある場合には（仮に過去の合格最低点よりも低い点数だとしても）論文式試験の学習に着手しましょう（予備校によって解答が割れる場合もありますが、その場合は、1番低い点数を基準としてください）。

▌予備校の直前答練、模擬試験の受講

　この時期には、各予備校が予備試験型問題を使った直前答練や模擬試験を実施します。直前答練や模擬試験は、出題予想論点が盛り込まれているだけではなく、試験本番のタイムマネジメントを再度確認するためのツールとして役立ちますので、これらの**答練や模擬試験は必ず受講するようにしてください**。

▌論文問題の総復習、基本的な知識・理解の確認

　今まで解いてきた論文問題でできなかった問題を総復習します。論文問題で最も優先順位が高いのは過去問です。前述のように、過去問では、本試特有の「ひねり」が入っていますので、それに対する免疫を培う（回復させる）必要があります。予備試験過去問はもちろん、取り組んだ過去問は全てしっかりと復習しましょう。特に、論文問題処理のための思考方法がしっかりと身に付いているかどうかという点を確認してください。

　それと同時に、問題の復習を通じて、**基本的な知識や理解に抜けがないか確認してください**。基本的な知識や理解に抜けがある場合には、講座のテキスト等に戻って確認しましょう。

法律実務基礎科目・選択科目の総まくり

　法律実務基礎科目や選択科目は、どうしても学習の開始時期が遅くなりますので、知識や理解の定着度が低いという方が多く見られます。

　この時期に、**法律基本科目以上に、知識や理解の確認を徹底するとともに、問題集や答練などで問題演習を積みましょう。**

　予備試験受験生の法律実務基礎科目・選択科目のレベルは決して高くないので（心が折れないで最後まで書き切っただけでＢがついたという話も聞きました）、直前期に一気に追い込むことで、得点源にすることができます。

司法試験過去問へのチャレンジ

　ほとんどいらっしゃらないとは思いますが、上記の対策が完璧な方は、短答式試験前に解くことができなかった司法試験の問題や科目にチャレンジしてみてください。ただ、上記のように司法試験過去問は非常に難易度が高いので、太刀打ちできない問題も出てくると思います。その場合は、時間の浪費を避けるため、その問題はバッサリと忘れてしまいましょう（ちなみに、そのレベルの問題は、法科大学院生や修了生であっても、正解がわからないという場合も往々にしてありますので、あまり気にしないでください）。

05 独学に必要な教材とは？

　司法試験・予備試験は独学には不向きな試験です。しかし、金銭的・時間的な制約等によって、どうしても独学するしかないという方もいらっしゃるでしょう。

　いざ勉強を始めようと思った場合、独学用の教材として何を揃えたらいいのでしょうか。

　勉強を始めるに当たっては、入門書・基本書・演習書……といった書籍が、それぞれどのような位置付けのものなのかを把握しておく必要があります。

六法

　司法試験・予備試験の勉強に六法は必須です。

　六法にはたくさんの種類がありますが、大きく分けると「判例つき」のものと「判例つきではない」ものに分けられます。

　オススメは判例つきの六法と、判例つきではない六法をそれぞれ1冊ずつ購入することです。

　判例つきの六法はそこに書き込みをすることで知識の集約に役立ちます。

　一方、試験本番では判例つきではない法文を参照することになるので、論文式試験の問題演習時には判例つきではない六法を使用するべきです。

入門書

　入門書とは、初めて勉強する人向けに書かれた、その科目の概観が説明された本です。入門書を読むことでその法律の全体

像を掴むことができ、学習を進める上で記憶が定着しやすくなります。独学で司法試験を目指すのであれば、まず入門書を読んでから勉強を開始するべきでしょう。

有名なものでは「プレップ」シリーズ（弘文堂）や「有斐閣ストゥディア」シリーズ（有斐閣）があります。

基本書

基本書とは学者の研究の集大成として出版されるものとなります。

基本的に、司法試験等の受験生を対象に書かれている訳ではありませんので、法律に対して正確な理解をすることができる一方、難しすぎるものもありますので注意が必要です。

基本書の利用方法は、下記の2つです。

① 法律の全体像を理解するために通読する
② 学習上つまずいたポイントを確認するために辞書的に利用する

独学で勉強する人は①として比較的薄めの基本書を、②として重厚な基本書を用意するべきでしょう。

判例集

判例集は重要な判例について事案の概要・判旨、法律の専門家の解説が掲載されている本です。詳細すぎるものも少なくないので、初学者がいきなりこれに取り組むのは非効率な場合が多いです。

そこで判例集の利用法としては、基本書などで紹介されている程度の判例を理解した後、さらにその理解を深めようとする際に利用するのがよいでしょう。

代表的なものは「判例百選」（有斐閣）や「重要判例解説」（有斐閣）です。

演習書

　演習書は学者が具体的な設例に対して解説を加えた本で、基本書等で身に付けた知識をアウトプットする際に使用することが想定されます。「Law Practice」シリーズ（商事法務）などが有名です。

　学者が執筆しているので内容が正確であり、深い内容まで学べるのが演習書の利点ですが、解答例が記載されている演習書は少なく、解答の流れを理解していない段階で演習書に手を出しても混乱する危険があります。

　そこでまずは、問題集や参考書、過去問演習を通じて解答の流れを理解した上で各論点の理解を深めるために演習書を利用するのがいいでしょう。

問題集

　ここにいう問題集とは予備校等が司法試験・予備試験対策のために作った問題集を指します。短答対策用の教材としては肢別本や過去問題集、論文対策用の教材として答案例つきの問題集や過去問解説などがあります。短答・論文いずれも過去問の解説は必須なので必ず用意しましょう。

　短答過去問は基本書で学習した後に、該当箇所の問題を解くことで定着率が高まると思います。また論文過去問は大まかなインプットが終わった科目から早い段階でどんどん答案を書いていくことをオススメします。

参考書（予備校本）

　ここにいう参考書（予備校本）とは予備校が司法試験・予備試験対策として作成した教材のことを指します。この中で特に用意するべき教材は「論証集」です。

これはいわゆる論点について、答案にそのまま書ける形で記載されている教材で、それを覚えてしまえば一応答案を形にすることができます。

たしかに論証丸暗記の勉強はたびたび出題趣旨・採点実感でも批判されているところですが、使い方さえ間違えなければ論証集は非常に有用な学習用の教材になると思います。

COLUMN 独学者にオススメの教材

アガルートの書籍

アガルートの合格論証集シリーズ

膨大な数の基本書・判例解説・学術論文等を網羅した上で、判例・通説の立場から書き下ろされた論証集シリーズ。内容が濃く、無駄のない論証が高い評価を得ています。論証は自分で作ると非常に時間がかかるので、市販の論証集を使用するのがオススメです。

総合講義1問1答シリーズ

司法試験・予備試験合格に必要な全ての知識が1問1答に！ 重要部分が赤文字になっているため、赤シートで効率的に復習することができます。試験でスラスラ重要事項を吐き出せるようになりましょう。

実況論文講義シリーズ

論文答案の書き方を予備試験合格者の答案とともに解説。独学を選んだ方でも本書を利用してアガルートメソッドのもと、合格に近付きましょう！

科目ごとの教材

独学の方は、市販の書籍や過去問を利用して学習することになります。これまでの受験生の間で評価の高い教材をいくつかピックアップしましたので、参考にしてみてください。もっとも、合格のために以下の教材を全てこなさなくてはならないわけではありませんし、反対に、全てやったからといって必ず合格するわけでもありません。手に取ってみて、自分に合うと思った教材に取り組んでみましょう！

各分野の基本書・演習書・判例集

分野	基本書	演習書	判例集
憲法	＊ 基本憲法Ⅰ（日本評論社）	＊ 憲法ガール Remake Edition・憲法ガールⅡ（法律文化社） ＊ 憲法演習ノート 憲法を楽しむ21問（弘文堂）	＊ 憲法判例50！ START UP（有斐閣） ＊ 憲法判例百選Ⅰ・Ⅱ（有斐閣）
行政法	＊ 基本行政法（日本評論社）	＊ 基礎演習 行政法（日本評論社） ＊ 実戦演習 行政法（弘文堂） ＊ 事例研究 行政法（日本評論社） ＊ 行政法ガール・行政法ガールⅡ（法律文化社）	＊ 行政法判例50！ START UP（有斐閣）
民法	＊ 民法（全）（有斐閣） ＊ 民法の基礎1 総則・民法の基礎2 物権（有斐閣） ＊ プラクティス民法 債権総論（信山社） ＊ 基本講義 債権各論Ⅰ・Ⅱ（新世社）	＊ Law Practice 民法Ⅰ・Ⅱ・Ⅲ（商事法務） ＊ 民法演習サブノート210問（弘文堂）	＊ 民法判例百選Ⅰ・Ⅱ・Ⅲ（有斐閣）
商法	＊ 会社法 LEGAL QUEST（有斐閣）	＊ Law Practice 商法（商事法務） ＊ 会社法事例演習教材（有斐閣）	＊ 会社法判例百選（有斐閣） ＊ 会社法判例の読み方（有斐閣）
民事訴訟法	＊ 民事訴訟法 有斐閣ストゥディア（有斐閣） ＊ 基礎からわかる民事訴訟法（商事法務）	＊ Law Practice 民事訴訟法（商事法務） ＊ 基礎演習 民事訴訟法（弘文堂）	＊ 民事訴訟法判例百選（有斐閣）
刑法	＊ 基本刑法Ⅰ・Ⅱ（日本評論社）	＊ 刑法事例演習教材（有斐閣）	
刑事訴訟法	＊ 刑事訴訟法 LEGAL QUEST（有斐閣） ＊ 基本刑事訴訟法Ⅰ・Ⅱ（日本評論社）	＊ 事例演習刑事訴訟法（有斐閣）	＊ 刑事訴訟法判例百選（有斐閣）
法律実務基礎科目民事	＊ 要件事実入門 初級者編（創耕舎） ＊ 完全講義 民事裁判実務[基礎編]（民事法研究会）	＊ 予備試験過去問	
法律実務基礎科目刑事	＊ 刑事実務基礎の定石（弘文堂）	＊ 予備試験過去問	

第 **6** 章

司法試験最短合格への
道しるべ

　予備試験を突破すると、いよいよ司法試験に挑戦することになります。これまで見てきた通り、予備試験に合格していれば、そのまま司法試験に合格できる可能性はかなり高いです。そのため、最終合格のために何か特別なことをする必要はありません。これまで培ってきた法律に関する知識や思考力をより幅広く、深くするための学習を継続することによって合格を掴みとることができます。

01 予備試験と司法試験は何が違うの？

> ▶ 予備試験が司法試験を包含している
> ▶ 司法試験問題に慣れよう

出題形式

　第1章でも説明したように、司法試験には、口述試験があります。短答式試験と論文式試験だけです。

出題科目

　法律基本科目及び選択科目（倒産法・租税法・経済法・知的財産法・労働法・環境法・国際関係法（公法系）・国際関係法（私法系）の8科目の中から1科目）の合計8科目が出題されます。一般教養科目や法律実務基礎科目は出題されません。法律基本科目については、括りが「法系」になりますが、呼び方が異なるだけで、出題範囲等には違いはありません。

論文式試験

　法律基本科目における予備試験と司法試験の最大の違いは、**論文式試験の問題文の長さ**です。
　予備試験の法律基本科目の問題文と比べ、4～5倍の長さになります（法律実務基礎科目と同じくらい）。それに伴い、1問2時間と試験時間も長くなります（公法系は2科目で4時間、

152

民事系は3科目で6時間、刑事系は2科目で4時間）。

　また、前述しましたが、全体的に問題の難易度が高くなります。

　さらに、科目によっては、予備試験には見られなかった出題形式や出題傾向を持つ場合があります。

　予備試験に合格している以上、法律の基本的な素養には全く問題がないはずですが、**司法試験問題への「慣れ」が必要**になります。

　予備試験受験時に解ききれなかった司法試験過去問を解くなどして、司法試験問題への「慣れ」を培ってください。

司法試験　令和4年　民事系科目第1問

　次の各文章を読んで、後記の〔**設問1**(1)・(2)〕、〔**設問2**〕及び〔**設問3**〕に答えなさい。

　なお、解答に当たっては、文中において特定されている日時にかかわらず、試験時に施行されている法令に基づいて答えなさい。

【事実Ⅰ】

1. 　個人で事業を営んでいるAは、その所有する甲土地を売却することとした。

2. 　令和2年3月20日、不動産取引の経験がなかったAは、かつて不動産業に携わっていた友人のBに甲土地の売却について相談をした。甲土地の登記記録には、弁済によって被担保債権が既に消滅した抵当権の設定登記が残っていたことから、Bは、甲土地の売却先を探してみるが、その前に抵当権の登記を抹消してあげようと申し出、Aはこれを了承した。

【事実Ⅱ】

　前記【事実Ⅰ】の1と2に続いて、以下の事実があった。

3. 　Bは、自身が負う金銭債務の弁済期が迫っていたため、甲土地を自己の物として売却し、その代金を債務の弁済に充てようと考えた。

4. 　令和2年4月2日、Bは、Aに対し、抵当権の抹消登記手続に必要であると偽って所有権移転登記手続に必要な書類等の交付を求め、Aは、Bの言葉を信じてこれに応じた。Bは、Aが甲土地をBに3500万

円で売却する旨の契約（以下「契約①」という。）が成立したことを示す売買契約書を偽造し、同契約書とAから受け取った書類等を用いて、同月5日、甲土地につき、抵当権の抹消登記手続及びAからBへの所有権移転登記手続をした。

5. 令和2年4月20日、Bは、甲土地を4000万円でCに売却する旨の契約（以下「契約②」という。）をCとの間で締結した。Cは、契約②の締結に当たり、甲土地の登記記録を確認し、Bが甲土地を短期間のうちに手放すことになった経緯につきBに尋ねたところ、Bは、「知らない人と契約を交わすのを不安に感じたAの意向で、いったん友人である自分が所有権を取得することになった」旨の説明をした。

6. 令和2年4月25日、CからBへの代金全額の支払と、甲土地につきBからCへの所有権移転登記がされた。

〔設問1⑴〕

【事実Ⅰ】及び【事実Ⅱ】（1から6まで）を前提として、令和2年5月1日、CがAに対して甲土地の引渡しを請求した。Aはこれを拒むことができるか、論じなさい。

【事実Ⅲ】

前記【事実Ⅰ】の1と2に続いて、以下の事実があった（前記【事実Ⅱ】の3から6までは存在しなかったものとする。）。

7. 令和2年4月2日、Aは、知人のDから甲土地を4000万円で購入したいとの申出を受け、この額が時価相当であったことから、Dに売却することを決めた。Aは、同日、Bに対して、甲土地の売却先を探してもらう必要はなくなったが、抵当権の抹消登記手続については急いでほしい旨を述べ、Bはこれを了承した。

8. Aは、事業の不振により債務超過に陥っていたことから、Dに対し、登記手続は来月になってしまうが、売買契約の締結と代金の授受は早々にさせてほしいと懇請し、Dはこれに応じた。令和2年4月5日、Aが甲土地を4000万円でDに売却する旨の契約（以下「契約③」という。）がAとDとの間で締結され、代金全額がDからAに支払われた。なお、甲土地は、Aが所有する唯一のめぼしい財産であった。

9. 令和2年4月8日、Bは、Aが甲土地を売却した相手が、かねてより恨みを抱いているDであることを知って、契約③を阻止し、Dに損害を与えようと考えた。Bは、Aに対して、今後継続的にAの事業を支援するから、甲土地は自分に2000万円で売ってほしいと述べた。

Aは、今後のBからの支援に期待をかけ、Bの申出を受けることにした。

10. 令和２年４月１２日、Aは、甲土地を２０００万円でBに売却する旨の契約（以下「契約④」という。）をBとの間で締結した。同月１５日、BからAに代金全額が支払われ、甲土地につき抵当権の抹消登記及びBへの所有権移転登記がされた。

11. 令和２年５月８日、Bは、甲土地を４０００万円でCに売却する旨の契約（以下「契約⑤」という。）をCとの間で締結した。同月１０日、CからBへの代金全額の支払と、甲土地につきCへの所有権移転登記がされた。なお、Cは、契約⑤の締結に当たり、契約③の存在やAが十分な資力を有していないことについてBから説明を受けていたが、BにDを害する意図があったことは、Cへの所有権移転登記がされた後も知らないままであった。

〔設問１(2)〕

【事実Ⅰ】及び【事実Ⅲ】（１、２及び７から１１まで）を前提として、令和２年６月１日、Dは、Cに対し、甲土地につき、Dへの所有権移転登記手続をするよう請求し（以下「請求１」という。）、それができないとしても、Aへの所有権移転登記手続をするよう請求した（以下「請求２」という。）。これらの請求は認められるか、請求１及び請求２のそれぞれについて論じなさい。

【事実Ⅳ】

12. 令和３年３月、Fは、その所有する乙建物を、期間５年、賃料月額３０万円でGに賃貸する契約（以下「契約⑥」という。）をGとの間で締結し、Gに引き渡した。

13. 令和３年５月３１日、Fは、Hから１０００万円を弁済期を２年後とする約定で借り受け、その借入金債務（以下「債務 a 」という。）を担保する目的で乙建物をHに譲渡する契約（以下「契約⑦」という。）をHとの間で締結した。契約⑦において、Fが債務 a の弁済期が経過するまで乙建物の使用収益をする旨が合意された。同年６月５日、契約⑦に基づき、乙建物につきHへの所有権移転登記がされた。

14. Gは、その後もFに対して契約⑥に基づく賃料を支払っていたが、令和５年５月、乙建物につきHへの所有権移転登記がされていることを知り、賃料を支払わなくなった。

15. Fは、債務 a の弁済期経過後もその弁済をしないまま、令和５年７月、債務 a の弁済期経過前に発生した同年５月分の賃料と弁済期経過

後に発生した同年６月分の賃料の支払をＧに請求した（以下「請求３」という。）。Ｇは、「㋐乙建物がＨに譲渡されたので、Ｆに対して賃料を支払う必要はない。」と述べて支払を拒んだ。Ｆは、「㋑Ｈへの所有権移転登記がされているが、これは契約㋐に基づくものであって、賃貸人の地位が直ちにＨに移転する効果を生ずべき譲渡があったわけではない。㋒仮にそのような譲渡があったとしても、債務αの弁済期が経過するまでＦが乙建物の使用収益をする旨の合意があるから、賃貸人の地位は自分に留保されている。」と反論した。

16. Ｈは、請求３の時点で、契約㋐に基づく担保の実行も、乙建物の第三者への処分もしていない。

〔設問２〕

【事実Ⅳ】（12から16まで）を前提として、次の問いに答えなさい。

下線部㋐㋑㋒の各主張の根拠を説明した上で、Ｆの反論の当否を検討し、請求３が認められるか、論じなさい。その際、令和５年５月分と６月分とで結論に違いが生じ得るかにも留意しなさい。

【事実Ⅴ】

17. Ｋは、別荘とその敷地（以下併せて「丙不動産」という。）を所有していた。Ｋには子Ｌがいたが、Ｋは、姪のＭを幼少の頃からかわいがっていたことから、令和６年１月17日、Ｍとの間で「Ｋが死亡したときには、丙不動産をＭに与える」旨の贈与契約（以下「契約⑧」という。）を書面で締結した。

18. 令和８年２月頃よりＫとＭの関係が悪化した。

19. 令和８年10月１日、Ｋは、丙不動産をＮ県に遺贈する旨を記した適式な自筆証書遺言を作成し、同日、ＬとＮ県にその内容を通知した。

20. Ｋは、令和９年５月１日に死亡した。Ｋの相続人はＬのみであった。

21. 丙不動産の所有権の登記名義人はＫのままであった。令和９年８月20日、Ｍは、Ｌに対し、契約⑧に基づき丙不動産のＭへの所有権移転登記手続を求めた（以下「請求４」という。）。これに対し、Ｌは、「㋓契約⑧は、その後にＫがＮ県に丙不動産を遺贈する遺言をしたことにより、撤回されたはずである。」と主張してこれを拒んだ。

〔設問３〕

【事実Ⅴ】（17から21まで）を前提として、次の問いに答えなさい。

下線部㊁の主張の根拠を説明した上で、考えられるMからの反論を踏まえ、請求4が認められるか、論じなさい。

COLUMN 短答式試験の違い？

　論文式試験は、司法試験の方が問題文が長く難易度も高いのですが、短答式試験はむしろ逆です。

　まず、科目が大幅に減少します。前述のように、平成27年度の司法試験から短答式試験の出題科目は憲法・民法・刑法の3科目になりました。予備試験の場合には、一般教養科目も含めて8科目出題されますので、この点で大きく負担が減ります。

　しかも、予備試験の場合は、一般的には、一般教養科目で平均点程度しか取れないという前提で短答式試験の合格ラインを超えなければならないので、法律基本科目では7割程度の得点率が要求されます。

　これに対して、司法試験では、例年6割程度の得点率で合格ラインを超えることができます。

　そのため、短答式試験だけで見れば、予備試験の方が司法試験より圧倒的に難しいという一種の「逆転現象」が起きているのです。

　実際、予備試験合格者で、司法試験の短答式試験に不合格となってしまう人は、ほとんどいません（下図参照）。

予備試験合格者の司法試験短答式試験結果（法務省公表データより作成）

年度	受験者数	合格者数	合格率
令和4	405	404	99.8%
令和3	400	400	100%
令和2	423	419	99.1%
令和1	385	381	99.0%

02 選択科目に特別な勉強は要らない？

> ▶ 予備試験でのインプットを総ざらいしよう！
> ▶ アウトプットは過去問演習で
> ▶ ＋αの問題演習ができれば完璧！

科目の選択

基本的には予備試験で受験した科目を選択することになります。

インプットとアウトプット

インプット

　予備試験で一通りの学習を終えている状態ですが、司法試験では問題数が増える分、難易度が上がります。そのため、より正確で幅広い知識をインプットする必要があります。インプットを総ざらいし、＋αの知識を取り込みつつ、アウトプットに注力するのがよいでしょう。

アウトプット

　最低限、過去問は全年度解くようにしましょう。全ての科目で２問ずつ出題されますので、過去問だけでかなりの演習量を確保することができます。

　ただ、できれば、予備校が実施している選択科目の答練を受講するか、予備校や学者が出版している市販の問題集を解くな

どして、＋aの演習をこなして欲しいところです。

<table>
<tr><td>COLUMN</td><td>司法試験に「最短」で合格する</td></tr>
</table>

法科大学院ルートへの「切り替え」は柔軟に！

　ここでは、司法試験の「最短」合格について説明したいと思います。

　予備試験の「最短」合格が司法試験の「最短」合格につながることは間違いありません。もっとも、予備試験は合格率４％程度の超難関試験ですので、運悪く不合格となってしまうという場合も想定されます。

　既にお話しした通り、その場合はどこかのタイミング（大学生の場合は、大学４年次）で予備試験に見切りをつけて、上位・難関法科大学院の既修者コースに進学しましょう。

　確かに、法科大学院に進学した場合、そこで最低でも１年間の学習期間を要するので、それを「最短」と呼んでいいのかどうかは疑問があります。

　しかし、現行の制度では、法科大学院に進学しても、予備試験を受験することはできますし、法科大学院３年次（既修者コースであれば２年目、未修者コースであれば３年目）に司法試験を受験することもできます。

　仮に、法科大学院在学中にも予備試験に合格することができなかったとしても、法科大学院を修了すること自体はそこまで難しくないので、ほぼ確実に司法試験の受験資格を取得することができます。そして、上位・難関法科大学院既修者コースであれば、高い確率で司法試験に合格することができます。

　法科大学院に進学せず予備試験に継続的にチャレンジし続け、何年も費やした結果、法科大学院ルートより法曹になるのが遅れてしまうということになると本末転倒です。あくまでも予備試験は司法試験を受験できる切符を手にするための試験であるということを忘れないようにしましょう。

　１年でも早く法曹になるためには、その都度柔軟で合理的な判断が求められるということは覚えておいてください。

補章

合格体験記

　"これをやれば必ず合格する"という魔法
のメソッドはありません。合格のために必
要な勉強内容や方法は人によって異なりま
す。したがって、合格体験記を何から何ま
で真似したとしても合格を掴み取れるわけ
ではありません。

　それでも合格体験記に目を通す意義は、
先人たちの知恵を盗むことができるという
点にあります。合格体験記には、最短合格
のために有用な方法が詰まっています。こ
れらの中から自分に合ったものを取り入れ
つつ、オーダーメイドの学習方法を確立す
ることが合格への近道になるのです。

合格 令和4年 司法試験

N．Yさん

受験資格：予備試験合格者

受講していた講座 ※講座名は受講当時のものです

予備試験1年合格カリキュラム　マネージメントオプション
司法試験 論文過去問解析講座、選択科目3講座パック

== アガルートアカデミーを選んだ理由 ==

　予備試験では、論文試験が最難関の関門ですが、アガルートの受講者の論文合格率が高かったため、アガルートを選びました。

　また、他の予備校では、基礎講座を長い期間かけて終わらせた後に論文対策を始めるというスタイルで1年合格は厳しい設計となっています。一方で、アガルートではインプットとアウトプットを並行して行うことができるため、知識が定着しやすい上に最短合格を狙えるシステムになっている点も魅力的でした。

　さらに、マネージメントオプションでは司法試験に合格されている講師の先生方が毎週答案を添削し、オーダーメイドの予定を作ってくださることにも惹かれました。

　私は大学1年で勉強を始めましたが、初学者でした。そのため、独学で勉強すると、正しい勉強の方向性を定めることができず、知識が定着せず勉強も進まなくなるという不安がありました。そこで、マネージメントオプションは不安を解消してくれるツールとして私に合っていました。

== 合格体験記 ==

　予備試験合格後に司法試験まで時間がなかったため、司法試験に合格するために優先順位を決める必要がありました。そこで、まずは3月に開催される司法試験模試に向けて(当時)予備試験では出題されなかった選択科目と論文の出題傾向を掴むことに注力すること

にしました。

　具体的には、選択科目の倒産法については、アガルートの総合講義を受講した後に模試までに倒産法過去問解析講座を1周しました。一方で、基本7科目については模試までに各科目5年分ずつ起案し、採点実感を読み込んで論文の出題傾向・試験委員の好みを知るように工夫しました。

　そして、アガルートの論証集と採点実感を照らし合わせて自分なりの言葉で使いこなせるよう論証を再構築しました。

　そして、ターゲットの3月の司法試験模試で弱点や勉強方法の改善点を分析しました。その後は、ひたすら司法試験の過去問を解き、本番までに憲法以外全ての過去問を解きました。過去問を解く際には、自分の出来等に応じて復習方法にメリハリをつけました。

　直前期には、解いた司法試験の過去問や論証集を何度も確認することで知識を再確認しました。

　予備試験ルートの場合、司法試験まで就活や授業により時間がないため、優先順位を付けて取捨選択することが不可欠になると思います。

▶選択科目3講座パック◀

　倒産法の総合講義は短期間でポイントを押さえてインプットすることができるため、時間がない私にとってはぴったりの講座でした。また、谷山先生が常に論文を書く上での視点を教えてくださったため、受講後にスムーズに過去問に移行することができました。

▶司法試験論文過去問解析講座◀

　司法試験の論文では、難しい論点も出題され出題趣旨・採点実感だけでは理解できないことが多々ありますが、司法試験論文過去問解析講座を通じて理解することができました。

　また、工藤先生が難しい論点の対処法や現場対応の方法を教えてくださったため、知識だけでなく自分なりの答案戦略を練る上でも大変役に立ちました。

合格 令和4年 司法試験

T. Mさん
受験資格：予備試験合格者

受講していた講座 ※講座名は受講当時のものです

予備試験1年合格カリキュラム　マネージメントオプション、選択科目 国際私法 総合講義
司法試験 論文過去問解析講座、耳で覚える総合講義1問1答、判例百選スピード攻略講座

=== アガルートアカデミーを選んだ理由 ===

マネージメントオプションがあったことが挙げられます。

予備試験受験当時、個別指導に力を入れていたのは受験業界でアガルートくらいであったと記憶しています。私は法学部出身でもなく論文起案の経験もなかったので、論文の書き方のイロハから学ばねばならず、個別での指導を受けることはもはや必須といってよい状況でした。**司法試験予備試験の論文起案では自分の答案ができているのか、できていないのかすら判別できないところからスタートするので学習初期の補助輪が要ります。**

次に音声ダウンロードが可能であったことが挙げられます。私は仕事をしながらの受験勉強であったため、外出時の隙間時間を使わなければならない環境にありました。

他校ではオンラインで動画をストリーミングしながらでないと講義を聞けない仕様であったため必然的にアガルートアカデミーを選択することとなりました。外出先で通信容量を気にしながら聞くことはできないという方は講義をダウンロードできた方がよいと思います。

=== 合格体験記 ===

▶論文対策◀

論文フル起案を毎回行うのは困難であるため答案構成段階まで進めることを繰り返していました。模試や答練では答案構成から起案までを一定の時間で書き切れるよう意識してどんなときにでも答案

構成から答案まで復元できるようにしました。つまり、①問題→答案構成、②答案構成→答案の二段階に分解し、①のみを重点的に繰り返すことで②の時間を圧縮しました。

　また、講義で得た知識を自分の口で説明できるかも時折試していました。説明できれば書けますし、説明が困難ならそもそも文字に起こせないため復習が必要と判断していました。

▶短答対策◀

　短答知識のうち、論文でも使うものは問題を解きながらどのように論文のパーツとして使うかを考えながら解くようにしていました。

　短答プロパー知識は別として、論文でも使える形で頭に入れないと知識が浮いてしまうためです。回数を解くのではなく、あくまでも論文で使う論証パーツの仕入れ先として位置付けていました。

合格 令和4年 司法試験

M.Tさん

受験資格：予備試験合格者、法科大学院卒業

受講していた講座　※講座名は受講当時のものです

予備試験1年合格カリキュラム　マネージメントオプション
選択科目 労働法 総合講義

アガルートアカデミーを選んだ理由

　私は地方に住んでおり、インターネットで学習を行うしか選択肢
がありませんでした。そのような観点から、まず私が予備校を選ぶ
に当たって重視した点は、学習状況を管理しやすいこと、講座を受
けるに当たって操作しやすいこと、講師に相談しやすいことです。
アガルートは、次のようにいずれの点もクリアしていました。

　まず、学習状況の管理についてですが、アガルートの場合は自分が
消化した講座について全体の何パーセントまで受講したのかが表示さ
れますので、予定を組み立てやすく学習状況の管理が容易でした。

　つぎに、ネット配信については、スピード調整はもちろん、視聴
し終えると自動で次の講義に進むなどストレスなく受講することが
でき、操作しやすかったです。

　最後に、**私はマネージメントオプションを選択したため、毎週質
問することが可能でした。自分で調べるには限界がありますし、講
師に質問した方が確実ということもあり、非常に重宝しました。**

合格体験記

　アガルートのテキストは、市販の司法試験対策本と異なり、
文字数が圧倒的に少ないという点と、カラフルという点を特徴
に挙げることができると思います。

　文字数が少ないため高速回転が可能となり記憶の定着がしや
すいです。文字数が少ない点を心配されるかもしれませんが、

講義はいつでも視聴することができるので、再度視聴することでテキストの文意を掴むことができますので、全く問題ありません。

　また、アガルートのテキストは、様々な色で区別されていたり、「Point」や「Advance」などの記号が付されており、見やすいです。さらに、これまで過去の司法試験（旧司も含む）で出題された論点については出題年度が掲載されており、メリハリが付けやすいです。

　このように丁寧に整理されたアガルートのテキストを何度も読み返し、理解を深め、アガルートの重問をこなして理解の定着を図ることで、着実に実力をつけることができると思います。

　重問のような典型問題を挟んだ方が着実にステップアップできるようで自分には合っていたと思います（いきなり旧司に進んでいたら難しすぎて挫折していたかもしれません。）。

▶予備試験１年合格カリキュラム　マネージメントオプション◀

　まず、３周するというのが特徴的だったと思います。　民法でいえば最初の総則のところで同時死亡の推定の論点がありますが、通常最後の方で取り扱われる相続が関係してきます。

　よくいわれることですが、このように民法はある論点を理解するために、まだ学習していない知識が必要になることがあるため、アガルートのように講義の段階から複数回に分けて進めるというのが効率的だと思いました。

▶選択科目 労働法 総合講義◀

　労働法は市販の基本書の分厚さから分かるように、テキストの量を増やそうと思えばいくらでも増やせると思います。　ですが、アガルートのテキストはコンパクトに収まっており、なかなか選択科目に時間を確保できないという受験生のニーズに適していると思いました。

合格 令和4年 司法試験

Y．Tさん

受験資格：法科大学院卒業

総合講義300
論証集の「使い方」
重要問題習得講座

=== アガルートアカデミーを選んだ理由 ===

　私が司法試験を志したのは、学部3年生になってからでした。当時はほとんど勉強が進んでおらず、独学1年で法科大学院の既修者コースに合格できるとはとても思えなかったため、入門講座及び問題演習をこなすことができる予備校講座を探したところ、他の予備校が用意している私のような初学者向けの講座と比較して安価であった、アガルートの法科大学院入試パックの存在を知りました。

　アガルートは、多くの司法試験予備校に対して持っていた印象と異なり、HPやテキストのデザインも洗練されていて、勉強を継続するにあたってのモチベーションを維持しやすいのではないかと感じ、受講を決めました。当時は大学の講義やアルバイト等で忙しい日々を送っていたため、通学ではなくオンラインで受講することができる点も魅力的でした。

　実際に、大学の講義と講義の間の時間など、忙しいスケジュールの合間を縫って少しずつ学習を進めることができたため、継続も困難ではありませんでした。

=== 合格体験記 ===

▶論文式試験対策◀

　法科大学院在学中は、合格した諸先輩方の答案戦略に関するさまざまな知見を収集し、それらに共通する要素を探りながら、自分の

弱点を補強するための問題の解き方、書き方を模索していました。

　私は答案作成にあたっての時間配分に苦手意識を感じていたので、問題文の読み方を工夫する（初めに設問に目を通すなど）、答案構成にかける時間をあらかじめ決めておくなどして、答案作成の「型」を作っていました。「型」が定まった上で過去問の答案作成を繰り返していくと、自然と自分に必要な知識の範囲やインプットの方法がわかってきたため、その穴を埋めるような意識で知識を補い続け、答案の質を上げていきました。

▶短答式試験対策◀

　過去問演習を中心にしていました。過去問は全て解いていると量が多くて消化しきれないので、直前期には比較的新しい年度の出題に絞りました。その中でも正答率が低い分野については、教科書の記述に立ち返って基本を再確認した上で繰り返し解き、知識の定着をはかりました。

　憲法の統治分野、民法の担保物権、家族法などは、条文を知っているだけで正誤判定ができる問題も多かったため、問題を解く度に紙の六法で条文を引き、文言を丁寧に確認していました。

▶総合講義300◀

　法科大学院既修者コースの受験に備えるため受講しました。テキストの内容を3周する作りになっており、まずは各科目の全体像をざっくりと把握するのに役立ちました。

　2周目以降、および司法試験直前期には、過去問で出題例のあるような難解な論点についての解説も含まれており、入門用としても総復習用としても役立ちました。

▶論証集の「使い方」◀

　論証集は市販のものも多く販売されていますが、それらの論点が体系上どこで問題になるのか、まとめられた論証の中でも核となる部分はどこか、といった点が十分にフォローされている講座であると感じました。

体系上の位置づけと論証例の結びつきが明確になるため、全ての論証例を一言一句暗記していなくても、答案が書けるようになりました。

▶ **重要問題習得講座** ◀

重要問題習得講座の特徴は、①論点の網羅性の高さ、②繰り返し演習するにあたって無理のない問題量、の２点が両立しているところだと思います。①については、収録されている論点の範囲で準備をしておけば、本番中未知の論点に遭遇した際にも「重問に収録されていないということは他の受験生も十分に準備できていないということ。焦らず現場思考で対応しよう」と、冷静に臨むことができました。

②については、短文の問題が多くを占めているため、短時間で広い範囲を復習することができるところが良かったと思います。

合格 令和4年 司法試験

S．Aさん

受験資格：法科大学院卒業

受講していた講座 ※講座名は受講当時のものです

選択科目 知的財産法 過去問解析講座
重要問題習得講座
総合講義100

═══ アガルートアカデミーを選んだ理由 ═══

　司法試験受験にあたり、ロースクール入学まで一切予備校を使ったことがなかった。独学でロースクールに合格したため、このまま何とかなるだろうと漫然と考えていたが、いざ入学すると、コロナで授業はオンラインとなり、満足な学習ができなくなった。このままではまずいと焦り、予備校を探し始めた。

　アガルートアカデミーについては、広告をよく目にする機会があり、比較的手頃な金額で司法試験講座を受講できると知り、興味を持った。

　実際に合格体験記などを読むと、未修で1発合格された方や、自分と同じように苦労しながら合格された方が、皆さんアガルートのおかげで合格できたと書いていらっしゃり、自分もそうなりたいと、藁にもすがる思いだった。

　実際、合格した友人などからも、アガルートの論証集が優れていることや、解説動画がわかりやすいことなどの話は聞いていて、忙しいロースクールの授業の合間を縫って講義が視聴できることなどの特徴にも惹かれて、入塾した。

═══ 合格体験記 ═══

　学部生の頃は、3割が留年すると脅されていて、とにかく留年が怖かったことや、良い成績をとって安心してロー入試に臨みたかっ

たことから、定期試験の勉強は真面目に行っていた。今思えば、この時期に基本書を読み込み、自分なりの体系理解ができていたことが合格の基礎となっていたと思われる。

　3年生の頃に飛び級入学を決め、ロー入試の勉強を始めた。ここでも、入試科目について1から見直せたことが、良かったのではないかと思う。

　しかし、実際ロースクールに入ると、コロナで授業はオンラインとなり、自宅で孤独に勉強することを強いられ、完全に精神的に参ってしまった。今までにないほど勉強が手につかず、成績も落ちてしまった。

　そんな時にアガルートアカデミーの門を叩き、分かりやすくまとまった論証集や重要問題集を手にし、少しずつ自分なりの学習の指針を立てることができるようになってきた。

　3年次には、選択科目の勉強も本格化したが、アガルートの過去問解析講座のおかげで、効率的かつ網羅的に選択科目の勉強をすることができた。

　直前期も論証集に自分のまとめを加えたものを読み込み、合格を勝ち取ることができた。

▶総合講義100◀

　時間がない中でも、一つの科目について、網羅的に理解することができ、非常に有益だった。

　音源をダウンロードし、どこでも聞けるようになっていたのもとても便利で、移動時間や休み時間などに繰り返し聞くことで理解が深まった。

▶重要問題習得講座◀

　様々な内容の問題がセットになっているため、穴がなく知識を補充することができた。

　難易度も簡単すぎず、しかし難しすぎないので、じっくり自分の理解度を試すのにとても役に立った。直前期も何回も見直すのに最適だった。

▶選択科目過去問解析講座◀

　選択科目の勉強は手薄になりやすい中、すべての年度の過去問を、分かりやすい解説やレジュメ付きで攻略することができ、とても為になった。

　論証集も大変充実していて、1冊あれば、大体の問題に太刀打ちできるレベルのものであり、有益だった。

合格 令和4年 司法試験

T. Mさん

受験資格：法科大学院卒業

受講していた講座 ※講座名は受講当時のものです

司法試験アウトプットカリキュラム、短答知識完成講座Ⅰ
司法試験過去問答練ゼミ、選択科目 労働法3講座パック

== アガルートアカデミーを選んだ理由 ==

私は、法科大学院最終学年時に、このまま基礎をないがしろにしたまま司法試験に突入してしまうのは危険ではないかという不安に襲われました。

そこで、今まで利用したことのなかった予備校の力を借りて、自分のペースで基礎を復習したいと思うようになり、ネットでの口コミなどを参考にしながらアガルートアカデミーさんの力を借りることにしました。その際、アガルートアカデミーさんを選んだ理由は、最近急激に合格者を増やしている、教材が充実している、比較的良心的価格で講座が提供されている、ネットの力を駆使して効率的に学習できる、といった点です。

合格者数が多いという紛れもない事実は、口コミにもあった教材の充実度を裏付けるものであり、安心して入会を決めることができました。

また、アガルートアカデミーさんはネットを使って非常に効率的な学習を実現させる工夫を施されており、自分のペースで効率的な学習が可能であるという点も非常に魅力的でした。

== 合格体験記 ==

私は、法科大学院最終学年までは予備校を利用せずに学習をしていたところ、基礎に綻びがありました。そこで、基礎を迅速かつ徹底的に復習したいと考えたところ、アガルートアカデミーさんと出

会いました。

アガルートアカデミーさんは、**授業がコンパクトにまとまっており、最小限の労力で効率的に学習することを可能にしてくれました。**これにより、非常に短期間で基礎を復習することができ、司法試験合格に近づきました。

そして、過去問解析講座が大きな糧となりました。この講座では、工藤先生が驚くほどコンパクトに司法試験過去問をすべて必要十分に解説してくださるおかげで、大変効率的に過去問をすべてやり抜くことができました。解答例も大いに参考になりました。**この講座のおかげで、過去問を全部解いて理解することができ、司法試験に対する大きな自信をつけることができました。**

論証集は音声をダウンロードすることができるので、ダウンロードして何度も聞いて頭の中で自動再生されるようになりました。このおかげで論証は、特に考えなくても手を動かして書けるようになったので、試験での大きな時間短縮につながりました。

▶司法試験アウトプットカリキュラム◀

総合講義、重要問題集、論証集、過去問解析講座などを受講することができたので、基礎を復習して、過去問にも挑むことを可能にさせてくれる大変有意義なカリキュラムでした。過去問解析講座では大変効率的に過去問を潰せたのでよかったです。

▶短答知識完成講座Ⅰ◀

不安のあった細かい知識を洗い出すことができました。私は直前期に受講したのですが、短い時間で周回できるので、短答試験に対して不安があり、時間もないという方にはおすすめです。特に民法が重宝しました。

▶司法試験過去問答練ゼミ◀

司法試験の答案の書き方を学ぶことができました。解答の際の頭の使い方などを教えていただけるので、試験に非常に役立ちました。また、渡辺先生の解答例を見ることができ、到達点を知れたことは

とてもよかったです。

▶労働法3講座パック◀

　渡辺先生が非常にわかりやすく労働法を完成させてくださるので、とてもよい講座でした。この講座のおかげで、労働法がとても得意になったうえ、労働法という法律自体が好きになりました。どのような方にもおすすめできる講座です。

合格 令和3年 予備試験

S. Sさん

受講していた講座　※講座名は受講当時のものです

司法試験 論文過去問解析講座
予備試験1年合格カリキュラム　マネージメントオプション
判例百選スピード攻略講座

=== メッセージ ===

▶アガルートの講座について◀

アガルートの講座を受講した理由は三つあります。

1　大学の先輩でその年の予備試験に最終合格なさった方に、予備試験を受験するに当たって予備校選びの相談に行きました。その際、その方は他塾からアガルートに予備校を変えた方だったのですが、工藤講師のテキスト・論証が他塾と比べて圧倒的に正確でシンプルなことを強調していて、良いなと思いました。

2　受講相談の谷山講師やマネオプの田中講師のお話が非常に興味深く、そのエネルギッシュさに惹かれました。

3　無料公開されている工藤先生の講義を聞き、他の塾と比べスピーディーで圧倒的にシンプル・無駄がない点が自分の好みでした。

アガルートを一言で表すなら、合格ドーピングだ。という合格体験記を以前拝見しましたが、本当にその通りだったと思います。**合格のために最適化されたカリキュラムやテキスト**は自分の合格に不可欠でした。**アウトプット重視のカリキュラム**は、法律の使い方を学ぶことが理解において最重要かつ最も近道だという法律科目の特性にマッチしています。また、工藤講師のテキストは、学習を進めるごとに新たな発見がある、噛めば噛むほど味が出るスルメのように圧縮されたテキストでした（現に**口述試験の直前まで総合講義と論証集**を読んでいました）。しかし、ドーピングとはいえ、テキスト

や指導は本質をとらえており、ただ合格するためだけの薄い勉強では全くありませんでした。繰り返しますが、アガルートが無ければ自分の1年合格は到底不可能でした。

▶勉強の方針とどのように勉強を進めていたか◀

ただひたすらマネオプのカリキュラムについていくのに精一杯でした。しかし、**先生方に直した方が良いと言われたことを愚直に修正することを繰り返す**（5割ほどしか修正しきれてない気もします）ことで、気づいたらそれなりの法的思考力や表現力を手に入れていました。

勉強は挫折の連続でした。毎週の厳しい指導のコメントや実力ゼミでの芳しくない成績は苦しくもありましたが、アドバイスを求めれば必ずそれに応えて下さる講師の方ばかりでしたので、**アドバイスに従い愚直に修正**を繰り返しました。

▶学習時間はどのように確保し、一日を過ごしていたか◀

基本日吉ラウンジに入り浸っていました。予定がある日はその予定をし、無い日は少なくとも13~21時のラウンジが空いている時間は勉強していました。

授業をなるべくオンラインのものにしたり、バイトをフルリモートに切り替えることで勉強時間を確保していました。

▶直前期の過ごし方◀

短答

ひたすら過去問を回します。わからない問題がなくなるまで、回しました。また、試験までに忘れてしまうのが怖く、わかるはずの問題も適度に回しました。**条文素読の時間も取る**といいと思います。

論文

先生に指摘されたポイントを淡々と修正していた気がします。先生からの指摘をまとめた自作シートが役に立ちました。また、**定義や規範、重要な理由付けを瞬時に吐き出せるように**、暗記の時間を多く取っていました。

▶試験期間中の過ごし方◀

法律科目なので大学の授業は一切出ませんでしたし、定期試験も一切試験勉強しませんでした。

▶受験した時の手ごたえと合格した時の気持ち◀

短答　予想よりも点数が跳ねて嬉しかったです。直前期の猛勉強が効きました。

論文　正直手応え的には受かったと思っていましたが、採点がどの様に行われるかわからなかったため、不安でした。

口述　初日民事で失敗してしまい、落ちたかもしれないと本気で思いました。

▶振り返ってみて合格の決め手は？◀

ここまで講座のレビューや勉強法について書いてきて申し訳ありませんが、合格の最大の決め手は**講師とのコミュニケーション**でした。

講師のふとした一言や、添削の指摘、自分の何気ない質問への回答が、自分の理解を大きく推し進める経験を何度もしました。

▶アガルートアカデミーを一言で表すと◀

合格ドーピング
最短ルート

▶受験生に対するメッセージ◀

アガルートを選んだ時点で他の受験生の数百歩先を行っています！自分の選択を信じて、言われた通り愚直にやってください！それから、一番大事なのは、**「法律を楽しむ気持ち」**だと思います。予備試験受験は自分で選んだこと、自分で好きでやっていることを忘れずに、楽しんで進めてもらえればと思います！

合格 令和3年 予備試験

I. Sさん

受講していた講座　※講座名は受講当時のものです

司法試験 論文過去問解析講座、経済法 3講座パック
予備試験1年合格カリキュラム　マネージメントオプション

━ メッセージ ━━━━━━━━━━━━

▶勉強の方針とどのように勉強を進めていたか◀

　初めは総合講義を全てゆっくり聞いて、その後に論証集の「使い方」、重要問題習得講座、過去問演習と丁寧に進めていく予定でしたが、仕事の影響で勉強時間が取れない期間があり、2021年の3月になっても総合講義が終わっていない状況でした。そこで方針を転換し、とにかく**自分に足りないものの分析とそれを埋めるための方法の検討**を行いました。具体的には、下記の流れで学習を進めました。

　　～2021年3月　　　　総合講義300（1.5倍速）
　　　同年4月　　　　　短答知識完成講座（テキストのみ）
　　　同年5月　　　　　短答試験
　　　～同年7月　　　　法律実務基礎科目対策講座（1.5倍速）＋重問（テキストのみ）＋論証集（テキストのみ）＋予備試験論文過去問解析講座（テキストのみ）＋マネオプ
　　　同年7月　　　　　論文試験

▶学習時間はどのように確保し、一日を過ごしていたか◀

　平日は2時間程度、休日は5、6時間程度勉強していました。

　仕事が繁忙だった時期は正直ほとんど勉強していません。個人的な意見ですが、**社会人が予備試験に合格する上での最大のリスクは、勉強と仕事の両立が辛くなって受験自体やめてしまうこと**だと思います。仕事の負担が大きいのに勉強も詰めようとするとポッキリと

意思が折れてしまいやすいですし、そうでなくても中途半端な両立は、勉強時間は確保しているが身になっていないという状況に陥りがちなので、どうしてもキツい時は潔く仕事に集中した方が良い結果に繋がりやすいと思います。

▶直前期の過ごし方◀

論文試験の直前は1週間ほど夏休みを取り、最後の追込みをしました。とはいえ、勉強のやり方は変えず、**重問を頭に叩き込み続けました。**重問を解いている際に、忘れがちな事項や紛らわしい暗記事項についてはノートにまとめておいたので、試験直前はこれを見返していました。

▶試験期間中の過ごし方◀

試験終了後は終了した試験のことは考えず、翌日の試験のことだけを考えました。現場思考が重要だと考えていたので、夜更かししてインプットするようなことはせず、早めに寝て英気を養いました。

▶受験した時の手ごたえと合格した時の気持ち◀

受験直後の手ごたえは悪くありませんでした。しかし、その後に各予備校が出す参考答案や解説を読んでいると自分の書いた筋とかなり違っており、不合格を覚悟しました。合格発表日、自分の番号を見つけた時は手が震えました。

▶振り返ってみて合格の決め手は？◀

3月の勉強方針の転換です。自分にとって最適な勉強方法・内容は自分にしかわからないので、彼我の差を分析し**必要なステップを一段ずつ踏む**ことが合格までの最短ルートだと思いました。そして、私の最短ルートにおいて最大のステップが重問でした。

▶アガルートアカデミーを一言で表すと◀

船と羅針盤です。重問などの各種講座、マネオプなどのサポートがあり、合格までの手段と方向性を提供してくれます。後は自分でどの航路を取るか決めるだけです。

▶受験生に対するメッセージ◀

　難関試験であることは確かですが、社会人であっても過度な負荷をかけることなく予備試験に1年で合格できることが証明できたと思います。私のこの体験記が後続の社会人受験生の勇気に繋がれば幸甚です。

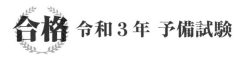

合格 令和3年 予備試験

A．Hさん

受講していた講座　※講座名は受講当時のものです

司法試験 論文過去問解析講座、予備試験1年合格カリキュラム

═ メッセージ ═

▶勉強の方針とどのように勉強を進めていたか◀

　私はマネージメントオプションをつけていなかったので、勉強計画の作成や進捗管理は自分で行っていました。

　テキストが届いてから試験までにやらなければならないことを全て洗い出し、それらを**1日単位のタスクに分解**して、○月○日～△月△日までの1日のノルマはこれ、というふうに勉強計画を立てていました。1日単位のノルマに分解することでやらなければならないことが明確になるので、「今日はやる気が出ないから全く勉強しなかった」というようなことがなく1年間過ごすことができました。

　ただ、実際に勉強を進めてみると「意外と時間がかかる」「この分野が分からなくて予定以上に時間を使ってしまった」ということがけっこうあったので、一気に1年分のスケジュールを立てるよりは、**最初は数週間程度のスケジュールに留めて、自分のベストなペースを見つけてから長期的な計画を立てたほうが良かった**かなと思います。

　インプットとアウトプットの時間的な比率は3：7くらいだったと思います。最終的には必要な演習量をこなせましたが、インプット段階でわからないところをいろいろ調べてしまい講義を聞き終えるまでに思っていた以上に時間を使ってしまいました。どのみちアウトプットの段階で総合講義のテキストを参照しながら学習を進めることになるし、その繰り返しによって理解が定着するので、**インプット段階で必要以上に調べたり考え込んだりせず、わからないところはある程度割り切って先に進む**ことをおすすめします。

▶学習時間はどのように確保し、一日を過ごしていたか◀

最低でも1日8時間ほどは勉強するようにしていました。アウトプット期間に入ってからは、午前は短答・午後は論文というようにルーティンを決めて勉強を習慣化するようにしていました。

▶直前期の過ごし方◀

論文までちょうど1年という短期間での受験だったので、短答・論文・口述すべてギリギリの精神状態で臨んでいました。私は基本的に直前まで粘るタイプの性格なので、短答前日も論文前日も口述前日もいつも通り勉強していました。

精神的に一番きつかったのは口述試験の直前期です。口述試験は毎年ほとんどの人が合格しますし、私が受験した年も合格率98%でしたが、それはあくまでも結果論であって、合格発表で自分の受験番号を確認するまでは決して安心できるような試験ではありませんでした。短答や論文のようにわからない問題は後で考える、メモを取りながら六法を見ながら考えるということは一切できず（場合によっては六法を見れますがあくまで例外）、自分の頭の中だけが頼りの一発勝負の試験なので、のしかかるプレッシャーは尋常ではありませんでした。

ただ、どの試験にも通ずることですが、試験への不安は勉強でしか解消できないのでひたすらずっと勉強することで心を落ち着けていました。

また、**身近な人に頼ることも大事**だと思います。私は不安なときはその感情を素直に吐き出して、何が不安なのか、どうすれば不安が和らぐのかということを声に出すことで自分のやるべきことを確認するようにしていました。

▶試験期間中の過ごし方◀

短答後論文までは思っている以上に時間がないので、**短答の自己採点後すぐ重問と論文過去問の復習**を始めました。

▶受験した時の手ごたえと合格した時の気持ち◀

論文は本当に落ちたと思っていたので、合格発表で自分の番号を見つけたときは嬉しさよりも驚きの方が大きかったです。その後「口述やばい」という焦りが襲ってきました。

本当の意味で嬉しさと安堵を感じられたのは言うまでもなく最終発表の時でした（ちなみに口述も落ちたと思っていたので、合格した時は本当にもう「良かったあああ」と声に出ました）。

▶振り返ってみて合格の決め手は？◀

アガルートの講座から特に合格に有益だったものを選ぶとすれば、総合講義と重問です。王道の2点セットですが、これらなくして短期合格はあり得なかったと思います。つくづく、奇をてらった勉強法というのは不要だということを実感しました。手を広げすぎる必要もないと思います。基本的なことを何度も何度も繰り返すことが大事だと思います。

ただ、その前提として、工藤先生が講義で話されている内容は一言たりとも聞き逃さない心づもりで聞くことが重要だと思います。私は、総合講義も重問も予備試験論文過去問解析講座も、工藤先生が重要だと話していた補足事項や強調していた点はすべてテキストに書き込んでいました（おかげでテキストの大半には余白がありません）。アガルートの講座は本当に合格に必要十分なので、与えられたものを最大限に生かし切るという意識をもって取り組むことが何よりも大切だと思います。

▶アガルートアカデミーを一言で表すと◀

アガルートの教材だけで1年で合格できたので、やっぱり「最短ルートアガルート」です！

▶受験生に対するメッセージ◀

予備試験は文字通り過酷な試験です。予備試験に合格するまでの道のりを「大変ではなかった」と言う人はおそらくほとんどいないのではないかと思います。そして、短期での合格を目指すほど、そ

の過酷さは増していくと思います。

　ただ、試験当日は自分1人で戦うことになりますが、それまでの過程は決して1人ではありません。アガルートをはじめとする予備校の講師の方たちやネットで情報を提供してくれている合格者の方たち、家族や友達などの身近な人たち、多くの人が受験生を応援しています。困ったときには手を差し伸べてくれるはずです。私も、本当に文字通り1人で勉強していたらこのように1年で合格することはおろか、予備試験にチャレンジすることすら諦めていたと思います。

　ひとりぼっちではない、応援してくれている人がいる、それを知るだけで人は強くなれると思います。私もこの過酷な試験に臨むと決めた受験生の皆さんを心から応援しています！

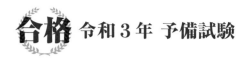

合格 令和3年 予備試験

K．Tさん

受講していた講座 ※講座名は受講当時のものです

予備試験1年合格カリキュラム　マネージメントオプション

= メッセージ =

▶法曹を目指すきっかけ◀

　プロフェッションへの強い憧れが根本的な感情としてあります。昔は医師でしたが、今は法曹です。かかる身分を得るためにはとりあえず資格試験に合格しなければならない、ということで善は急げと試験勉強に取り掛かりました。学習を進める中では、法律とは先人たちが心血を注いで編み上げてきた手織り布であり、その中で遠い過去の判例も一本一本の糸として生命を保っている、このような実感を得て素朴な感動を覚えました。そして、その知の体系に自らも織り手として関与したい、そう堅く思うようになりました。

▶勉強の方針とどのように勉強を進めていたか◀

　マネオプで用意されたカリキュラムを従順にこなしました。今から振り返ると、インプットとアウトプットを並行して行う勉強方法はとても効率的・効果的だったと強く感じます。また、対面での指導では、例えば解釈は文言と趣旨から導くといった本当の基礎から丁寧に教えていただき、正しい学習の姿勢を自然に身体化することができました。

　予備試験までの道程は長く、息切れすることもありました。復習のたびに定着していない重要な知識を発見して、こんなことで大丈夫なのだろうかと不安を覚える日々、法律を学び始めた頃の赤子が初めて光に触れるような喜びを懐かしく思うことすらありました。ラウンジの先生方は、そんな僕にとって本当に心強い存在でした。先生方の支えがあったからこそ諦めずに頂上まで辿りつけたのだと、

心から思います。

▶アガルートとの出会いやきっかけ◀

中高同期の友人にマネージメントオプション生がおり、彼の紹介で知りました。駒場近くのカフェで促されるままに受講相談の申込みを入れ、ラウンジに伺うことに。予備試験について本当に右も左も分からず、通された面談室に並べられたテキスト類の分厚さには圧倒されるばかり。しかし、担当してくださった先生はとても丁寧な方で、受験業界のあれこれも含め様々な情報を教えてくださり、ここなら安心して伴走をお願いできると感じました。

▶学習時間はどのように確保し、一日を過ごしていたか◀

計画が苦手という試験勉強向きではない性格なので、週一で設定されたラウンジ指導が２本の論文を起案するノルマの締め切りとして機能して助かりました。恵まれたことにアルバイトをしなくても衣食住が足りる生活をさせていただけていたので、勉強時間の捻出に大きく困ることはありませんでした。ということもあり、時間という尺度で勉強量を測ることはせず、マネージメントオプションで組まれたノルマ＋αを淡々とこなすという姿勢で学習を進めました。

▶直前期の過ごし方◀

短答。自作のメモを繰り返し見返しました。民法があまりに膨大で、地獄を見ました。

論文。友人と一緒に論証集を読み込み、重要なフレーズや指導で教わったポイントを確認しあいました。

口述。こちらも友人と過去問を出しあって、十回分ほどの練習を積みました。特に民事に関して、訴訟物と要件事実を正確に素早く引き出すことを意識しました。

▶試験期間中の過ごし方◀

指導が入っていない日にもラウンジに伺い、自習をしつつ、先生が手の空く時間を見つけては質問対応をお願いする、という日々で

した。業務しながらでも大丈夫？とマルチタスクで応じてくださる先生もいらっしゃいました。試験対策においては細かすぎるようにも思える質問に対しても、ひとつひとつ丁寧な回答をいただくことができ、致命的な勘違いが解消できたことも幾度となくありました。

▶受験した時の手ごたえと合格した時の気持ち◀

　短答。一発目の民事系が難しくてパニックに陥りましたが、公法系・刑事系がすらすら解けたので全体としては大丈夫かなという手応え。自己採点からは逃避し続けました。

　論文。刑事系で高得点を狙い、民事系で堅実に合格点を狙い、公法系がどのような結果であっても合格する、という得点方針を立てていたところ、殆どその通りになりました。筆を擱いたときに自画自賛込みで満点を確信したのは刑法と一般教養だけでしたが、そもそも満点でなくて良いというのは普段の指導を通じて重々承知していたことなので、特に不安に思うことはありませんでした。

　口述。1日目は緊張で足元がふらつき、細かい言い間違いを連発。心神耗弱による責任減少が認められないものかとボヤきながら試験会場を後にしました。結果的に悪くない成績だったので、2日目の刑事系で評価が高かったのだと思います。切り替えが大切だと実感しました。

▶振り返ってみて合格の決め手は？◀

　合格に繋がる全ては、直接・間接にアガルートから得たものなので、決め手をひとつ挙げるとするならば「アガルートでお世話になることを決断したこと」になると思います。

〈編著者紹介〉

アガルートアカデミー

大人気オンライン資格試験予備校。2015年1月開校。

- 司法試験，行政書士試験，社会保険労務士試験をはじめとする法律系難関資格を中心に各種資格試験対策向けの講座を提供している。受験生の絶大な支持を集める人気講師を多数擁する。合格に必要な知識だけを盛り込んだフルカラーのオリジナルテキストとわかりやすく記憶に残りやすいよう計算された講義で，受講生を最短合格へ導く。

- 近時は，「オンライン学習×個別指導」で予備試験・司法試験の短期学習合格者を続々と輩出する。

アガルートの司法試験・予備試験
最短合格読本

2024年1月29日　初版第1刷発行

編著者　アガルートアカデミー

発行者　アガルート・パブリッシング

〒162-0814　東京都新宿区新小川町5-5　サンケンビル4階

e-mail：customer@agaroot.jp

ウェブサイト：https://www.agaroot.jp/

発売　サンクチュアリ出版

〒113-0023　東京都文京区向丘2-14-9

電話：03-5834-2507　FAX：03-5834-2508

印刷・製本　シナノ書籍印刷株式会社